Heibonsha Library

幻影の明治

平凡社ライブラリー

Heibonsha Library

幻影の明治

名もなき人びとの肖像

渡辺京二

平凡社

本著作は二〇一四年三月、平凡社より刊行されたものです。

目次

第一章　山田風太郎の明治

山田風太郎を特に愛読したおぼえはない。彼の戦中戦後の日記のおもしろさについては耳にしていて、いつか読まねばと思いつつ、果たせないでいた。一九七〇年代から、明治開化期を扱ったシリーズを書き継いでいることも、知ってはいたがべつに読む気は起こさなかった。というのは、忍法帖シリーズのようなグロテスクな奇想を、明治開化期に応用したものだろうと、たかをくくっていたからだ。

ところが昨年古書店で、そのシリーズが数冊まとめ売りされているのを見つけ、何気なく買い求めた。私は少年の時から娯楽小説なしには暮らせぬ性分で、老人になったいまもその癖が抜けない。仕事の息抜きにと思って買ったのだが、それが運のつき。おもしろくって、ついにシリーズ全巻揃えて読みあげてしまった。

おもしろいだけではない。私は作者の幕末明治期についての知識が第一級であることに感心した。政情・世相・人物・事件にわたって、厖大で正確な知識の上に築かれた小説群だということがすぐわかる。実在の人物と架空のキャラクターが緻密に組み合わされて、鋳もはいっていない。物語の組みたては精巧かつ放胆。人物は踊り、雰囲気は匂い立つ。しかも一貫して、ありふれた明治のサクセス・ストーリーを拒否して、変革期の混沌を名も無き者の立場から直視しようとする史眼が光る。あくまで異説・外伝の視点を崩さない。明治開化期を異化する新たな歴史が書かれたという思いさえした。

そうなると、もう読み捨てにはできない気分になってくる。どこがおもしろいのか、そのおもしろさはどういう仕掛けからくるのか、少なくとも自分に対して明らかにしないと落ち着かない。仕事は溜っているし、もう残された時間は乏しい。そんなことをしている暇はないと知りつつ、この度もう一度全巻読み直して、風太郎の明治期小説のおもしろさの秘密を、せめて糸口なりと探し当ててみたくなった。

＊

このシリーズのおもしろさが、実在の人物の登場によるところが大きいのは疑いを容れない。もちろん、歴史小説ではまるまる実在の人物が登場するわけで、そのこと自体は何も珍しくはあるまい。だが、風太郎のこのシリーズは実在の人物は登場しても、また実在の事件を借りたとしても、とても歴史小説には程遠い虚構性の強い小説なのだ。フィクションにだって、実在の著名な人物は登場する。『戦争と平和』にはクトゥーゾフどころか、ナポレオンだって登場するのである。だが、それはしかるべき遠近法の中においてであって、彼らはアンドレイ・ボルコンスキーやピエール・ベズーホフ、ナターシャ・ロストヴァなどの作中人物と同平面で動いているわけではない。彼らが現われるのは、あくまで物語の歴史的背景の次元においてだけなのだ。ところが風太郎の小説では、歴史上の著名な人物が物語の架空な仕組みの中で、虚構の人物たちと交わりあって動くのである。この手法はデュマあたりも使っていて、風太郎のまるきり独創というわけではないが、その実在の人物がひとりふたりでなくわやわやと現われて、虚構の人物と組んずほぐれつする仕組みは彼一流の発明といってよいだろう。その際作者は、史実をしっかりと抑えて書きながら、あくまで作者特有の奇想中の人物にふさうべく、事実を改変することもいとわない。そのあたりの手際は絶妙といってよい。いくつか例を挙げよう。

『明治波濤歌』中の『からゆき草紙』の主人公は樋口一葉である。一葉が本郷真砂町に天啓顕真術会の看板を掲げる久佐賀義孝を訪ねたのは、日記にも明記された実話だ。久佐賀は相場や人身の吉凶を占い、当時かなりの評判を得ていた。一葉が彼を訪うたのは何らかの援助を得たいという思惑からであったが、その日は、大望など抱かず安心立命を心がけよというお説教を受けただけで空しく帰った。これが明治二七年二月二三日のことで、そのあと文通が続いたが、久佐賀から身の上を引き受けてもよいが、あなたの身体を任せるつもりかという露骨な便りが来るに及んで、一葉は文通を打ち切った。これが六月九日である。

風太郎はこの久佐賀宅訪問を明治二八年一月一二日のことに変更した。というのは、彼は一葉と久佐賀の関りを、『たけくらべ』の美登利の運命とからめようとしたからである。『たけくらべ』は明治二八年一月二二日、星野天知から寄稿依頼を受け、ちょうど試作中だった作品に手を加えて、一月三〇日発行の『文学界』にその（一）から（三）までが掲載された。『からゆき草紙』では、一葉は明治二七年の大晦日にこの名作を起稿したことになっている。久佐賀と美登利の物語を結びつけるためには、久佐賀宅訪問を明治二八年までずらさねばならなかったゆえんだ。

『たけくらべ』の美登利は吉原の大籬大黒屋の寮で暮している。姉は大黒屋の全盛の花魁である。モデルはあったとしても実在の人物ではない。ところが風太郎は、彼女の身の上を実在の人物稲葉寛の長女と設定した。稲葉家はかつては二五〇〇石取りの旗本で、一葉の母はこの家に乳母として奉公した。寛は稲葉家の娘鑛とめあわされた入り婿である。当時貧窮に落ちて人力車夫をしていた。娘はおらず息子がひとりいるだけである。一葉はこのかつての主家の有様にいつも心を砕いていた。『からゆき草紙』中の稲葉家の貧窮ぶりは、まったく一葉日記によっている。

風太郎がこのような変更を加えたのは、美登利にからゆきさんの身売り話をからめねばならなかったからである。そこが小説のポイントだったのだ。『からゆき草紙』では、寛は美登利を吉原の遊女屋に売り、彼女の吉原入りの期日が近づいている。一葉は何とか美登利を救おうと苦心するが、寛が遊女屋に借金を返すために、新たに村岡茂平次という男に美登利を売ったことを知る。茂平次は美登利を英国人の秘書にするということだ。だが、彼がからゆきさんを手掛ける女衒だと知った一葉は、この話を解消させるべく、久佐賀を訪ねて借金を申し込む。

久佐賀との会見は、一葉自身が自分の体を抵当に千両の借金を申し込むというふうに話を変えている以外は、ほぼ事実に即している。だが、そこに村岡茂平次と伊平次という叔父・甥が出現して、一葉と対決するという虚構が加えられた。この対決こそ作者が書きたい眼目だったのだ。

実在の村岡伊平治は有名なからゆきさんの人買いである。風太郎は伊平治を作中伊平次に変えたが、伊平治に茂平次なんて叔父はいない。茂平次が一葉に対して並べ立てる自慢話はことごとく『村岡伊平治自伝』によっている。風太郎がなぜ伊平次（伊平治）のほかに、その叔父という人物を虚構せねばならなかったかというと、この人買いが殺されて美登利は救われることになるからである。伊平治を殺したのでは史実に反する。そこで作者は茂平次という人物を作り出し、伊平治の事跡をすべて彼の上に移したのだ。

また作中には黒岩涙香が登場して、一葉に共同で探偵小説を書こうと提案する。涙香が一葉と交渉をもった事実はない。だが、この男を登場させないと、一葉・美登利を村岡たちと結びつける縁が生まれない。だから作者は涙香を一葉の知人と設定し、一葉が美登利を連れてアームストン曲馬団を見物したとき、居合せた涙香が久佐賀と村岡たちを紹介するという筋立てをこしらえたのである。

以上が『からゆき草紙』の舞台裏である。風太郎はまず一葉に関する確実な事実から出発した。彼女が母と妹を抱えて生活苦と戦っていたこと、『文学界』同人との交遊から開けてきた作家的自立の夢を実現すべく身を揉んでいたこと、中島歌子の萩之舎では令嬢たちに雑ざって心労を重ねていたこと等々、彼の描く一葉像は事実に即して正確に述べられていて、別に新しい発見もない。彼の工夫は久佐賀宅訪問というこれも実際の出来事から、久佐賀の背後に村岡という人買いがいて、これが『たけくらべ』の作中人物美登利をらしゃめんに売ろうとしているという虚構にあった。この趣向が成り立つためには、『たけくらべ』中では姉を継いで花魁になるべき運命にある美登利を、一葉の恩義ある稲葉家の娘と設定せねばならなかった。この構図が出来たとき、一葉対人買いというめざましい主題が空中に出現した。この美登利救出に奔走する一葉は、虚構でありながら、一葉の一生にそのような一齣があってもひとつもおかしくないという、強い説得性を持っている。

よくは知らぬが、この世界に存在する事象には、それに固有の反世界の事象が平行して存在すると物理学では言うらしい。風太郎が描く一葉の生涯の一齣が、このような反世界的なリアリティを帯びて自立しているのは、事実と虚構の適切な配分と組み合わせが、水も洩らさぬ巧みさで遂行されているからにほかならない。

しかし、この救出劇が小宇宙のように自立するためには、風太郎はもうひとり、肝心要《かなめ》の人物を創り出す必要があった。真砂町の久佐賀邸の隣りにあるけやき茶屋という料理屋の女主人お龍である。彼女はこの小説冒頭の萩之舎忘年会で登場する。けやき茶屋で開かれたこの忘年会で、一葉は綱島朋子という横浜の貿易商の娘から「あなたはお金を借りにこの会にいらっしゃってるんですってね」と、満座の中で辱しめられる。綱島朋子というのは『一葉全集』の「人物索引」には出てこないから風太郎の創作で、出来事も彼の作りごとに違いない。しかし、この場面はさもありなんという迫真性を帯びている。

そのとき、師匠の中島歌子の前にピタリと座ったのが茶屋の主人お龍である。「先生、おそれいりますが、あのお嬢さまにお帰り下さいますようにお伝え下さいまし。こんなことを申して口も裂けるようでございますが……私も、女ひとりでこんな店を出しますまではお金も借り、いうにいえない恥もかいて参りました。そういう苦労を御存知ないお嬢さまには、私のところの料理など、とうていお口に合いますまい、と存じますので」。彼女は言い終えると三つ指をついて平伏した。一座粛然。

一葉は美登利救出のために久佐賀を訪ねる際、このお龍にも相談した。彼女は「およしになったほうがよろしいのじゃ」という意見である。ところが、美登利が久佐賀邸に監禁された夜、茂平次と久佐賀が殺された（風太郎はここで史実に反して久佐賀を殺すというルール違反をやっている。これくらいは目をつぶれということか）。状況は密室殺人事件で、第一発見者の伊平次も疑われる立場にある。これで美登利を南洋に売りとばす話は雲散霧消してしまった。

犯人はお龍だったのである。彼女は若き日習いおぼえた軽業で久佐賀邸の屋根に侵入し、密室殺人状況を作り出したのだった。というのはこの女、元は長崎奉行所勤めの侍の娘で、村岡たちによって南方に売られようとする途中シンガポールで脱走し、チャリネ曲馬団に逃げこんだという過去のもちぬしだったのだ。稲葉家は以前長崎奉行を勤めたことがあり、お龍は旧主家に恩を報じたというわけだが、もちろん一葉の義侠を助け、かつまた、かつて自分を売りとばそうとした男たちへの報復をとげるという気持もあったただろう。この女の登場によって、『からゆき草紙』は維新革命の大波のつくり出したドラマの深部と、そのドラマを生きる名もなき人間の意地を示す物語となった。

歴史上の著名な人物を小説に登場させる手法は、先述したようにそれ自体珍しいものではない。デュマの『ダルタニャン物語』にはリシュリューもマザランも登場するのである。ところが風太郎の手法はそういった先人たちとは違って、小説の筋立てには必ずしも必要ではないのに、意外なところで著名人が突然現われて消えてゆく。たとえば『幻燈辻馬車』で錦織《にしごり》晩香が志賀三佐衛門に出会うくだりがそうだ。

錦織晩香は剛清の叔父で漢学者となっているが、実在の人物かどうか私は知らない。どうも作者の創った虚構の人物のように思える。一方、錦織剛清は明治二十年代、旧中村藩主相馬誠胤が、家令志賀三佐衛門らによって発狂の名目のもとに幽閉され、さらには毒殺されたと騒ぎ立てて、大いに世論を喚起した人物である。事実は誠胤は精神病を発病しており、剛清は忠臣たらん一念からとはいえ、志賀にまったく濡れ衣を着せたのである。その剛清の叔父という設定だから、晩香はまず剛清のかんちがいについて断った上で、三佐衛門が古河市兵衛と組んで足尾銅山の開発を手がけたことを痛烈に非難する。ところが、三佐衛門の妻の腕の中にあった赤ん坊が泣き出したので、やっと説教をやめた。この赤ん坊は三佐衛門の息子直温の子だという。三佐衛門すなわち志賀直道の孫といえば志賀直哉にきまっている。直哉はこの小説に赤ん坊として登場し、この場だけで消え去っているのだ。

小説の結構からいえば、志賀直道の登場は必要でなく、ましてや直哉の顔見せなどまったく無用だ。だが、風太郎の明治期小説のおもしろさは、このように筋立て上無用の人物がひょっこり顔を出すところにある。もう一例あげよう。

『警視庁草紙』の第四話『幻談大名小路』で、主人公の元八丁堀同心千羽兵四郎は、元南町奉行の駒井相模守信興から、牛込馬場下の元町名主夏目小兵衛を訪ねるよう頼まれる。信興が知り合いの樋口為之助から就職口の斡旋を依頼されたので、樋口を小兵衛に紹介してやってくれというのだ。為之助は二つくらいの女の子を背中にくりつけてやってくる。むろん読者はピンと来る。兵四郎が女の子に名を聞くと「なちゅ」と答える。間違いない。この子は樋口夏子つまりかの一葉となるべき運命にある少女なのだ。夏目家を訪ねると、小兵衛は内藤新宿の親戚のところへ行っているという。新宿へ廻ると小兵衛は伊豆橋という遊女屋にいた。末っ子を養子にやった塩原昌之助という男に伊豆橋を管理させているという。むろん読者はもうはっきりと悟る。朱塗りの格子の奥からのぞいている数え歳八歳の男の子とはむろん金之助、かの漱石となるべき少年である。少年と少女とは格子越しに会話を交わす。

兵四郎が新宿遊郭を訪うのは、推理仕立てのこの小説に必要な趣向である。しかし、その際、幼年の日の一葉と漱石を登場させる必要はなく、ましてや二人を会話させる必要はまったくない。これは作者の悪戯で、読者はそれに酔う。こんな出会いがあった保証はないが、さりとてなかったと断言するのもむつかしい。

『地の果ての獄』の冒頭、若き日の露伴が北海道余市の電信技師として登場するのもおなじ悪戯だ。幸田成行は小樽から札幌へ向かう汽車の中で、この小説の主人公たる有馬四郎助と副主人公たる原胤昭に出会って話を交わすのだが、その後はまったく現われない。なるほど成行は金子堅太郎の『北海道視察復命書』の内容や、北海道庁長官の岩村通俊についての情報を二人に伝える。しかし、そのためだけにあえて露伴を引っ張り出す必要はなかった。これも、そんなことがあったという記録はないが、といってなかったとも断言できぬ虚構、すなわち遊びなのだ。

問題は、何かにつけてこじつけたように史上の著名人、それも彼らが無名であった頃の姿を作品に登場させて、何の得があるのかということだ。ひとつは読者がほくそ笑んだり、おどろいたりする娯しみが生じる。もともと推理小説作家たる風太郎には謎かけやトリックを用いる習性がある。短篇『東京南町奉行』の冒頭、七七歳の老人が静岡の徳川慶喜邸を訪ねる。明治四年のことである。慶喜から会いたくないと断られ、老人は門番から教えられた林家《りんけ》へ向かう。本当はここでピンと来なければならぬのだ。残念ながら私はここでピンと来ず、その二ページあとに、人びとがこの老人を「魔界から来た妖怪のように見た」というところでやっとわかった。

鳥居甲斐守耀蔵は当時ほかにもいた甲斐守と区別するため耀甲斐と呼ばれた。すなわち妖怪である。鳥居耀蔵が林家の出で旗本鳥居家を嗣ぎ、水野忠邦の下で南町奉行として辣腕をふるい、かの蛮社の獄をひき起こしたのは周知の通り。弘化年間に失脚し、四国丸亀藩に預けられること二八年、六帖一間の座敷牢の窓から投げ捨てた枇杷の実が地に着いて大木になったという。つねに健康に注意し、崋山や長英は非命にたおれたというのに、明治四年に釈放された時は矍鑠としていた。風太郎はこの短篇の最後でやっと老人の素性を明かすのだが、大半の読者は途中で正体に気づくことだろう。

だが、『明治波濤歌』の一篇『横浜オッペケペ』の場合はどうか。主人公川上音二郎がハマのヤクザに追われて、愛妻貞奴とともに東京中を逃げ廻るうち、旧知の野口英世のところへ転がりこむというのも例の奇想だが、野口とおみき徳利みたいな仲の三遊亭夢之助というのは誰だろう。一発で荷風の若き日と看破った人には勲章をやりたい。私は最初から荷風くさいなと思いつつ、確信するにはちょっとページをめくらねばならなかった。このような著名人を端役もしくはその他大勢の一員として利用した例はほかにも枚挙にたえぬほどだ。たとえば『幻燈辻馬車』にちょっと登場する本屋の小僧は田山録彌、すなわち後年の花袋だし、『ラスプーチンが来た』の冒頭で二葉亭四迷が連れている蠣殻町の谷崎活版所の幼い息子はもちろん潤一郎である。

こういう謎解き、人物当てのおもしろさなど、小説の価値とどう関わるのだといいたい人は少し待って欲しい。風太郎の明治開化期物語は断じて歴史小説ではなく、基本的に話の構造は虚構の上に建てられている。その虚構の中に、話に必ずしも必要ではない著名人が登場することによって、風太郎一流の奇想にみちた虚構が奇妙なリアリティを獲得する。もちろん史実同様のリアリティではなく、かくあってもおかしくないもうひとつの「史実」が、異次元的リアリティを帯びて出現するのだ。

さらにいえば、音二郎と英世と荷風というのは意表外の組み合わせである。著名人は一般にどんな生涯を送りどんな業績を積んだかということが周知されているという意味で、一種の既知のテクストである。既知のテクストとしての史上の諸人物が登場することで、物語は一挙に歴史的縦深を獲得するだけではない。この三人を出会わせることによって、従来別のものと考えられていた三つのテクストが重ね合わせ撚り合わせられて、明治社会の意外な次元がせりあがってくる。これこそシュルレアリスムの愛用したコラージュの手法にほかならない。小説の効用が現実の既知の相貌を解体して、新たな相貌を呈示することにあるとすれば、風太郎の著名人を利用しての意外性の創出は、たんなる知的遊びというより小説が本来もつべき創造作用と知るべきである。

さらに注目すべきなのは、バルザック張りの人物再登場の手法だろう。例えば原胤昭は『幻燈辻馬車』『地の果ての獄』に登場し、『明治十手架』では主人公となる。川上音二郎は『幻燈辻馬車』に少年の姿で現われ、『明治波濤歌』中の『横浜オッペケペ』では主役。岸田吟香は『明治断頭台』、『明治十手架』、『明治バベルの塔』中の『いろは大王の火葬場』、漱石に至ってはちょいの間の端役ながら『明治バベルの塔』中の『牢屋の坊っちゃん』、『明治波濤歌』中の『風の中の蝶』、『ラスプーチンが来た』、『明治十手架』、それに前述した『警視庁草紙』。『黄色い下宿人』では主役だが、これは一九五三年と執筆がとびぬけて早く、完全に推理小説として書かれていて、本当は明治小説群には入れぬほうがよいのかもしれない。鷗外は『明治波濤歌』、『幻燈辻馬車』、『警視庁草紙』、『ラスプーチンが来た』とこれも結構忙しい。この人物再登場の手法が、全作品群を網の目のように結びつける上で、あるいは各作品が迫りもちとなってひとつのアーチを形づくる上で、有効に働いていることはいうまでもなかろう。

＊

風太郎は一九五〇年から明治期に題材を採った短篇を書いていたが、今日明治期小説として総括される小説群の第一作は、七三年から翌年にかけて書かれた『警視庁草紙』である。以下『幻燈辻馬車』（七五年）、『地の果ての獄』（七六〜七七年）、『明治断頭台』（七八〜七九年）、短篇集『明治波濤歌』（七九〜八〇年）、『エドの舞踏会』（八二年）、『ラスプーチンが来た』（七九〜八四年）、『明治十手架』（八六〜八七年）、『明治バベルの塔』（七三〜八四年）といった具合に七つの長篇とふたつの短篇集が生まれた。十数年かけて巨大な夢幻の山脈が出現したのである。刊本は文庫版を含めいろいろとあるが、ちくま文庫版『山田風太郎明治小説全集』全一四巻に網羅されている。

『警視庁草紙』は明治六年一〇月、いわゆる征韓論争に敗れて鹿児島に引きこもろうとしている西郷を、川路利良が見送る場面から始まる。川路は西郷から抜擢されて東京の治安を預る邏卒総長となり、このときは司法省警保寮大警視、西郷に心酔する乾分で、鹿児島へ一緒に帰るつもりでいる。だが西郷から一蹴されて東京に残り、やがて警保寮が警視庁に変るとその長官となり、内務卿大久保の腹心としてついに西郷を陥れる陰謀の筋書きを書くにいたる。和製フーシェと称されるゆえんで、それも保身のための変貌ではなく、川路自身によると、幕府を倒すまでは西郷が天下第一の英雄だったが、「明治と世が変ってからは、大久保内務卿こそ最適最強のお人じゃ」と信じたからにほかならない。

もっとも川路はこの小説の陰の主役というべく、表面で動き廻るのは油戸、藤田、今井といった巡査たちで、このうち杖術の名人油戸杖五郎なる者は作者の創作だろうが、藤田はかの新撰組の斎藤一、今井は坂本龍馬を斬ったと噂される京都見廻組の今井信郎だというのだ。斎藤や今井が警視庁に奉職したというのは、このあたりの史実は人一倍勉強している作者だから、おそらく事実だろうと思うが、彼らが解決に当る奇々怪々な事件の数々はいずれも、奇想とトリックに関しては長年腕を磨いた作者が作り出した目も彩な幻夢なのである。

だが川路大警視のもと、加治木直武警部の率いる巡査たちの活動は、この小説の一面にすぎない。彼らと対抗する元南町奉行駒井相模守信興と元八丁堀同心千羽兵四郎のコンビがいて、ことごとに彼らの鼻をあかそうとする。駒井は実在の人物で慶応二年から明治元年まで南町奉行を勤めている。奉行所を官軍に引渡したとき立ち会ったのがこの駒井で、乗りこんで来た官軍隊長が海江田信義と川路利良。駒井が「下アに」と声をかけたら、思わず海江田が馬からとびおりたというのは、おそらく何か文献に出ている話だと思う。千羽兵四郎はもちろん創作である。この連作仕立ての長篇の主人公はむしろ駒井と兵四郎なのである。彼らが事件に介入するのは、退屈だからちょっと警視庁をからかってやろうというのだが、実は新政府の遣り口がかねがね気に入らず、犯人として追及されている謀反人やお江戸の古き住人の方にシンパシーを感じているからなのだ。

というのは、先述したように、この小説は次々と起こる犯罪事件を推理小説仕立てに解いてゆく連作なのだが、その事件というのが濃厚な政治性、明治革命という大変動に伴う敗者側の怨念を内包している。風太郎は明治新政府に一泡吹かせようという駒井と兵四郎の情念に加担しているのだ。そのことは冒頭の『明治牡丹燈籠』からして明らかで、事件が起こる元旗本家の主人は岩倉卿暗殺未遂に関わりのある人物なのである。

最も迫力にとむ『幻燈煉瓦街』をみてみよう。話はある日、河竹黙阿彌と幸田成延父子が駒井の庵に集まったところから始まる。もちろん兵四郎も座に連なっている。幸田の家は代々お城坊主をやっていたので、折しも河内山宗俊を書こうとしていた黙阿彌が成延に、河内山について話を聞こうというのである。成延は連れてきた九歳の子どもに銀座の煉瓦街を見せてやる約束をしていたらしく、子どもはまだかまだかと父の袖を引く。とうとう駒井、幸田父子、默阿彌、兵四郎は煉瓦街見物に出かけることになった。この九歳の少年とはむろん後年の露伴である。

まだ空家の多い煉瓦街の一棟で見世物をやっていた。のぞきからくりで、宗俊そっくりの入道頭が前で「ここに領内尾去沢、世にも名高き銅山の」と弁じ立てている。大蔵大輔井上馨が村井茂兵衛を罪に陥して銅山を強奪した事件を仕組んでいるのだ。演じ終えると一座は風のように去って行ったが、あとには屍骸が残されていた。井上の用人で尾去沢銅山の経営に当たっている岡田平蔵である。

このあと、なかなか川路が動こうとせぬのにじれた井上が、鉱山師たちを率いて一座と乱闘になるといった具合に話は進むが、さてこの一座を率いる大入道が何と相馬大作の忘れがたみだというのだ。名乗って南部の秀。彼にはからくり細工で知られた儀右衛門、画家の高橋由一まで味方についているらしく、乾分には東條英教、板垣征徳、米内受政といった若者がいる。残念ながらこう聞いて何もピンと来ない読者ばかりだろうから、せっかく仕掛けた風太郎も張りあいがなかろう。いうまでもなく昭和一〇年代の軍部の大立者、東條英機、板垣征四郎、米内光政の父親である。おまけに一座の花魁役を勤めるのが、かの『天衣紛上野初花』のヒロイン三千歳のとって六三歳のなれの果てとくる。

世に時めく井上馨に一矢報いようとする一座を、蔭ながら助ける駒井と兵四郎に作者が肩入れしているのは明らかなことだ。しかし作者は、川路と井上の間にも対立関係を設定する。川路は井上の利権漁りを快くは思っていない。かといって、南部の秀一党とそれを助ける駒井一党もつぶさねばならぬと考えている。作者の思考は重層的で、駒井一党に同情的でありながら、明治新政府を何としても立ち行かせねばならぬとする川路の深謀を決して否定してはいないのである。また駒井のご隠居も兵四郎も、警視庁の鼻を明かす悪戯にやがて空しさを覚え、兵四郎は結局、西南の役が始まると警視庁抜刀隊の一員として出征してゆく。風太郎の視野の奥深さを示す好例であろう。

南部の秀はこのあと『皇女の駅馬車』に、熊坂長庵と名を変え、贋金作りとして再登場する。私はこの人物は風太郎のフィクションとばかり思っていたのだが、寺本界雄『樺戸監獄史話』を読んだら何と実在の人物なのだ。「神奈川県産の画工で、彼は内国通用弐円紙幣を偽造して明治十六年収監されている」とある。神奈川県生まれとある以上、彼が南部藩出身の秀だというのはやはり作者の虚構だろう。

風太郎の明治期長篇群は、第一作の『警視庁草紙』から見事な出来栄えを示した。明治七年から明治一〇年まで、社会を聳動させた事件が手広くとりあげられ、社会のいろいろな層の人物が生き生きと入り乱れ、いまだ色濃く残る江戸の風物と新時代の風俗が混淆して、夢幻的にしてリアリティの確かな転形期の映像が定着された。しかし読みどころは、「前からうすうす感じてはおったが、どうやら天下の静謐を願うべき内務卿と大警視が、天下の動乱をこそ望んでおるとしか思われぬがどうじゃ」という、駒井の御隠居の一言に示される明治初期の政治の深淵であり、さらにまた、御隠居が政府の迫害から逃れさせようと、かつての知行地相州の侘助村にいろいろな人物を送りこむことによって出現した「聖域」、兵四郎の表現によると「桃源郷」の魅力だろう。「桃源郷」から「黒暗淵《やみわだ》」に至る振幅こそ、風太郎が一大シリーズで造形しようとした明治新社会のリアリティだった。

『警視庁草紙』が短篇の連作であるのに対して、『幻燈辻馬車』は一貫したストーリーをもつ長篇である。時は明治一五年、いつも馭者のとなりに少女を乗せて走っているので親子馬車と名のついた辻馬車がある。馭者はもと会津藩町奉行所の同心干潟干兵衛、少女はその孫で、父親は西南の役で戦死した。干兵衛の妻は会津戦争の際、官軍の将に犯され自殺している。

物語は山形県令から福島県令をかねることになった三島通庸宅で盛大な宴会が開かれ、三遊亭円朝と弟子円太郎がくだんの親子馬車に乗って到着したところから始まる。客待ちの間孫娘のお雛は、招かれて来た客の娘らしい少女と話を交わす。この少女こそ大山巌陸軍中将の娘で、おなじくこの場に姿を現わす三島の息子たる弥太郎と後年結婚し、武男浪子の大悲劇（徳冨蘆花『不如帰』）のヒロインとなるべき運命にある大山のぶこである。もちろんこの小説の大筋と何の関係もないが、冒頭のシーンからして、明治社会のめぐる因果を暗示しないではおれないのが作者の手法なのだ。

千兵衛は辻馬車を駆るうちに、自由党の壮士が仲間に潜入した政府の間諜を処刑する場面に立ち会う羽目になる。この小説は自由党に共感を覚える千兵衛が、柿ノ木義康なる人物の率いる自由党左派の陰謀に巻きこまれ、スパイの暗躍する党内の実情を知って幻滅してゆく過程を追っている。柿ノ木は政府間諜を容赦なく処刑し、武闘路線をひた走る過激派であるにもかかわらず、三島県令が福島自由党を弾圧するために作った会津帝政党の領袖でもあることを、計らずも千兵衛は知ってしまう。むろん、ここには帝政ロシア時代の有名な二重スパイ、アゼーフのイメージが重ねられていよう。だが、スパイの摘発と査問によって荒廃してゆく自由党左派の内情を描くとき、彼の脳裏にあったのは、やはりかの浅間山荘事件だったのではなかろうか。

一党のうち最も理想を見失わない赤井景詔《かげあき》でさえ、辛酸を経たのちは無辜の老人力車夫を、足がつくという理由から絞殺するように陰惨な変貌を遂げていた。赤井を警察に任せるべく縛って転がした干兵衛は、赤井のもたらした爆弾を持って（この爆弾を作ったのが来島恒喜というのだからおそれいる。来島はいうまでもなく時の外相大隈重信に爆弾を投じ、片脚を失わしめて自決した玄洋社壮士である）、錦織晩香老人と加波山へ馬車を駆る。この老儒者は赤井の舅なのである。加波山にたて籠った自由党左派が激発したのは明治一七年九月である。作者は自由党壮士が次々と無様な姿をさらす様を描きながら、最後には会津武士のなれの果てと、古風な気骨に生きる老儒者の二人を、あまりに陰険な政府のやり口への義憤から、自由党のあるべき理念に殉じさせることで、波瀾万丈の物語をとじた。作者の心意気、みるべきだと思う。

赤井景詔は実在の人物である。『自由党史』によれば、越後高田の出身で頸城《くびき》自由党の熱烈な活動家だったが、政府高官の暗殺を企んだというので、重禁獄九年の判決を受けて石川島の獄に幽囚されるうち、破獄して逃げ廻った末、再び捕えられて絞死刑に処せられた。破獄ののち、利用した人力車の車夫が密告するのを恐れて、鉄杖で殴り殺すという一件もあった。しかも、このいわゆる高田事件は、政府の密偵が自由党内にもぐりこんで、一切の筋書きを書いたので、赤井らはその男にまんまと乗せられたのである。風太郎はこの実話から魅力的で悲しい赤井景韶と、暗躍する密偵のからみあいを自由に創り出した。彼が書くのは歴史小説ではなく、もうひとつのあってよい現実を創造する伝奇小説であるから、鷗外のように歴史離れか歴史そのままか悩む必要がなく、実話を離れて自在に赤井をとび廻らせることができた。

しかし、この小説の最大の読みどころは幽霊の出現なのである。干兵衛の息子蔵太郎は慶応義塾に通う学生だったが、明治一〇年戦争に巡査隊の一員として出征して戦死した。彼がなじんだ柳橋の芸者お鳥に生ませた子がお雛である。干兵衛とお雛が危機に陥ると、お雛の呼ぶ声に答えて、血まみれの軍服姿の蔵太郎が血刀を提げて馬車の中から出現する。さらに、蔵太郎が呼ぶと干兵衛の妻も自決した時のままの凄惨な姿で現われる。彼女を死ぬ前に犯した官軍隊長とは三島だったのだ。この幽霊の出現こそ、この小説が当時の現実にどっぷり根をおろしながら、実は現実を魔法の鏡に写した異次元的写像であることの証示なのだ。

しかしまた、この異次元的写像には現実の深層が過たず刻印されている。お鳥はお雛を生んだあと、蔵太郎のパトロンである山川健次郎（会津藩家老の息子でのちの東大総長）の邸前に棄子して姿をくらますのだが、のちに三島通庸の妾となって現われ妖狐と称せられる。三島の圧政を蔭で焚きつけているのはこの女だという。お鳥が蔵太郎を裏切って三島の妾となったのは、彼が会津の出身と知ったからだ。会津侍は彼女の仇敵だった。というのは、彼女は越後の百姓の娘なのだが、彼女の村に入りこんだ会津兵は狂暴の限りを尽し、彼女の両親も彼らに殺された。慶応の学生とばかり思っていた蔵太郎が会津侍の息子で、戊辰の仇をとるために出征すると知って彼女は狂乱した。被害と加害はあざなえる縄のごとく、いつ逆転するか知れたものではない。物語が維新革命の深部に根をおろしているというゆえんである。

『地の果ての獄』は、シリーズの他作がみな東京を舞台とし、たとえ大阪その他に舞台を移すにしても、結局は東京へ舞い戻ってくるのに対して、北海道の樺戸監獄とその周辺の物語である点で異彩を放つ。樺戸監獄は全国の重罪囚を収容すべく、明治一四年に石狩川沿いの森林を開拓して設けられ、正式の名称を樺戸集治監といった。廃されたのは大正七年である。風太郎が作中に引用している金子堅太郎の『視察復命書』（明治一八年）に、「今日ノゴトク重罪犯人多クシテ、イタズラニ国庫支出ノ監獄費ヲ増加スルノ際ナレバ、囚徒ヲシテコレヲ必要ノ工事ニ服セシメ、モシコレニ耐エズ斃レ死シテソノ人員ヲ減少スルハ、……万止ムヲ得ザル政略ナリ」とあるのを見ても、それが囚人にとっていかに苛酷な施設であったか容易に察せられよう。

物語は明治一九年、鹿児島の貧乏士族有馬四郎助が、樺戸集治監の看守に採用されて北海道へ渡るところから始まる。彼は船中で、キリスト教の教誨師として北海道の監獄を巡回しようとしている原胤昭と知りあう。この二人は実在の人物で、有馬については巻末に履歴がついており、それによるとキリスト教に入信し、各地で典獄を歴任して昭和九年に死んだときは「愛の典獄」と呼ばれるようになっていた。原は『明治十手架』の主人公であるから、後に詳述したい。

有馬四郎助が新任の看守として職務に慣れてゆくとともに、この世の地獄ともいうべき樺戸集治監の鬼のごとき獄卒と、凶悪な囚人が織りなす様ざまな事件が起り、それを通して四郎助は精神的に成長してゆくのだから、これは一種のビルドゥングス・ロマンといっていい。また、独《ひと》休庵《り》という肺病の酔いどれ医者（またの名をドク・ホリディというのだから笑ってしまう）、アイヌ・コタンに住みつく鴉《あ》仙《せん》和尚、いわれのありそうな古着屋の主人と役者が揃って、ドラマは獄外にもひろがっていく。鴉仙和尚の前身が、奥羽戦争の際、博徒たちからなるからす組というゲリラを組織して、官軍を悩ませた細谷十太夫だというのはいいとして、独休庵は上野戦争で死んだと思われていた益満休之助、古着屋の主人がかの井上伝蔵だというのだからおそれいる。益満はいうまでもなく江戸で御用盗を働き、幕府に薩摩藩邸を焼打ちさせることで、鳥羽・伏見の戦いのきっかけを作った人物、井上は秩父困民党の指導者で、死刑を宣言されたが逃亡潜伏、大正七年北海道で死の床にあって初めて身の上をあかした男だ。

しかし、この作品の最大の魅力は奇怪で幻想的な囚人たちの横顔にある。囚人の中には、「日本政府脱管届」を出すという思想性を帯びた者もいるにはいる。しかし大部分は、ただただおのれの欲望をみたしたいという最も原基的な生きかたを抑えきれなかった野郎どもで、国家によって最も馴致されにくい民衆の一範型なのである。その代表は五寸釘の寅吉で、逃走中木片に打ちこまれた五寸釘を踏み抜き、足にその木片をつけたまま逃走を続けたというので、その異名を得た。

寅吉が有馬四郎助に語ったところによると、この兇賊の一代記はさながら愛の哀話である。この男は寺本界雄『樺戸監獄史話』によると実在の有名な囚人なのだ。作中、樺戸から脱獄するのも、手口も含めて実話にもとづいている。しかし、五寸釘を踏み抜いたまま逃げ続けたというのは、作中では松阪でのことになっているが、実際には静岡での出来事である。作中の寅吉懺悔話は風太郎の創作にかかるところが大きいと考えねばなるまい。なお実在の寅吉は晩年劇団を作って、舞台の上から俺のようにはなりなさんなと説教して廻ったとのことだ。

さて作中の寅吉であるが、松阪に近い村の貧農の家に生まれた子どもの寅吉が、ひもじさにたえかねて盗みを働いたので、小作地も取りあげられ、父は松阪の町で下駄の歯直しをして細々と一家を養っていたが、そのうち柿の木に首をくくった。代って少年寅吉が父の仕事を継いでいたが、という絵にかいたようなお定まり。ときに明治四年、寅吉一八歳の正月松の内（この時代、年齢はすべて数え年）、下駄の歯直しをしている彼の前に一枚の羽根が舞い降りた。目を上げると羽子板を抱えた娘が立っている。五寸釘の運命はこのときさまった。

要するに絶世の美少女に魂を抜かれたというわけだが、これが松阪一の呉服屋、双見屋のお嬢様小雪とあって手が出ない。そのうち芝居で『樓門五三桐《さんもんごさんのきり》』を観た。五右衛門が「絶景かな絶景かな」とやる例の芝居だが、悪い了見が起きた。泥棒もあそこまでゆくと大したものだ。まず賭場出入りを始めた。度胸がつくと同時に妙案が浮かぶ。双見屋に火をつけて、どさくさまぎれに小雪をさらえばいいのだ。

寅吉の家は村はずれの一軒家。小雪をかつぎこむと母親が目をむいた。その前で小雪を犯し始め、その夜七番。天女だと思った。これまで買った女郎など問題にもならない。むろん小雪は処女だった。翌朝、死人のようになって静かに涙を流している小雪に、「かんべんしてくんねえ、これもお前さんに惚れてのことだ」。「あなたはだれですか」。おれは博奕打ち、ここはおれの家、傷ものになったお前はもう家へは帰れないと説いて聴かせ、昼日中にまた三番、七日七晩やり狂い、小雪は諦めて妻となって、そのうち子も出来た。火をつけられた双見屋は没落して一家離散した。

泥棒は妻子を養うために始めたのである。行きがけの駄賃で強姦《つっこみ》もやる。挙句は刑務所に入り逃走を重ねる。小雪と娘も行方不明、やがて東京で乞食をしているという話も聞いた。寅吉が樺戸監獄を脱走したのも、アメリカ人の商人に連れられて渡米するという小雪母子を一目見送りたいと思ったからだというのだ。風太郎は「凶悪で、哀切で、そして滑稽な話」と書いている。

五寸釘寅吉の挿話には、風太郎の想像力の働きかたがよく表われている。彼が依拠した資料は『樺戸監獄史話』だけでなく他にもあるはずだが、寅吉の美少女掠奪に端を発する哀話もしくは滑稽譚は、五寸釘を踏み抜いたまま逃げ続けた男と聞いた途端、彼の脳中に沸き立ったヴィジョンだろう。風太郎はもともと醜と美、魔と聖の両極の放電に感応する人だが、こういうラテンアメリカ風の愛の残酷譚の魅力もさることながら、社会からとめどもなく逸脱してゆかざるをえない男の胸に宿る聖像の物語は、やはり明治国家形成の基底に沈むにふさわしい一挿話なのである。明治期に奏でられた数々の情話のうちでも、これは最も直截に胸に響くひとつではなかろうか。

『明治断頭台』は新政府の弾正台大巡察を勤める川路利良と香月経四郎が、ライヴァルとして事件解決を競いあうという趣向で、シリーズ中最も推理小説的要素が濃い。弾正台とは明治二年に設けられた役所で、行政監察を任とするが、刑事司法にも干渉する権限を有し、横井小楠の暗殺犯人を擁護するなど反動派の巣窟の観があって、明治四年に廃止された。薩派の海江田信義が反動派の筆頭である。ただし作中の川路と香月は、上司の海江田らに左右されぬ働きを示すことになっている。川路が実在の人物なのはいうまでもないが、佐賀藩出身のフランス帰りとされる香月は創作された人物だろう。

主人公の香月経四郎は、日頃平安朝の大宮人もかくやと思われる衣冠姿をしているのも異色だが、フランスから連れてきた美女エスメラルダを巫女として口寄せさせる奇想天外な事件解決法といい、フランスからとり寄せたギロチンによって悪人ばらを慄え上らせる思いつきといい、颯爽たる異能の秀才として描かれる。だがこの男は、人民をおどしてケチな賄賂を巻きあげるならず者まがいの五人の邏卒を、その弱味をつかんで自分の手足として駆使するような、奥の深い人物でもある。彼には明確な目標があるのだ。

その目標とは正義の政府を実現することにある。彼は「政府は第一義的に正義の府でなければならない」と考える。それに対して、川路は「政府というものはそんなことを第一義にするものじゃない、あまりそんな意見にこだわり過ぎるのは危険だ」という。二人は互いに認めあう友人であり、よきライヴァルであるのだが、この立場の相違は物語の結末に至って、二人をついに決裂させる。

物語は五つの事件から成っているが、結末で経四郎自身が明かしたところでは、みな経四郎が五人の邏卒を使って事件の当事者たちを唆かしたから起こったという。エスメラルダの託宣など隠れ蓑にすぎなかった。なぜそんなことをと川路が問うと、経四郎は昂然と答える。「正義の政府を実現するためだ！」。すなわち五つの事件では、殺した者も殺された者もいずれも役人か役人上がりで、許せぬ不適格者ばかりだったというのだ。

経四郎はすべてを語り終えると、ギロチンをわが手で操って自決する。転がり落ちた首が「弾正台万歳」と叫ぶのはまさに風太郎調。

経四郎が自決したのは、山城屋事件に逢着して、遂に正義の政府の実現すべからざるを知ったからだ。山城屋事件というのは、長州奇兵隊士だった貿易商山城屋和助が、奇兵隊仲間の山県有朋兵部大輔の後援を得て、多額の兵部省公金を事業につぎこんで巨富を積んだが、返済できぬままに司法卿江藤新平の捜査が始まるに及んで自殺した一件をいう。結局うやむやになったものの、山県自身収賄を疑われた一大疑獄で、山県は陸軍大輔・近衛都督を辞任するのやむなきに至った。

物語では、経四郎はこの事件にねらいを定めていたのだが、明治政府崩壊を危惧する西郷が川路に捜査のストップを命じ、川路が経四郎に手を引くよう懇願する。肯んじない経四郎に対して、川路はエスメラルダを人質にとった。依頼されたとはいえ、『資本論』という危険な書物を翻訳した咎で彼女を処刑するというのだ。この依頼自体が彼女を陥れる謀計だったらしいのだが、経四郎が事件の追及を断念したのは、そうすれば政府高官をすべて数珠つなぎにせねばならぬと悟ったからだけでなく、エスメラルダを救う念慮も働いたに違いない。だが、自決は理念の放棄ではなかった。むしろ、正義の政府という理念に、自決によって殉じたのである。その際彼はエスメラルダ救出の手を打っておいた。彼に心服するに至ったもと悪邏卒の五人が、人力車を前後に連結した「奇妙な戦車」に彼女を乗せ、追跡隊を振り切って横浜まで駆け通す脱出劇は悲壮かつ滑稽、まさに風太郎の真骨頂を示すものとなっている。どうしようもないケチな悪徳警官だった彼らが、ここで生甲斐を見出し死花を咲かせる。作者山田風太郎の史眼がここに明示された。

作者は経四郎の理念である「正義の政府」を単純に支持しているのではない。正義の実現のためには手段を問わぬ経四郎は、明治のロベスピエールの風がある。明らかに作者は、この正義の執行者が狂信に陥りかねぬことを知っている。にもかかわらず、経四郎には悲劇の深さが体現されている。それは作者自身が敗戦後、この世に正義は遂に存在しないのかと、深く苦しんだことがあるからなのだ。

作中五つの物語中、私は『アメリカより愛をこめて』が一番おもしろかった。これはアメリカに亡命しているはずの小笠原壱岐守長行が、東京にいる元の妾を妊娠させたという怪談仕立てだ。むろん、霊が太平洋を渡って妾を孕ませるはずもなく、種も仕掛けもあって、それが順次解き明かされてゆくのだが、主人公が小笠原長行というのが、私は痛快なのだ。長行は唐津藩の世子で、文久二年幕閣に列して老中格となり、同三年、上京中の将軍家茂が尊攘派のとりことなって動きがとれぬのに業を煮やし、京都において幕権を回復すべく兵千六百を率いて独断上京、家茂に阻止されて老中格を棒に振った男である。このクーデタが阻止されなかったらどうなったか。大勢は覆らぬにしても、多少はおもしろい成り行きが見られたかもしれない。

この長行は物語には一度も登場しない。それなのに、会津、箱館まで行って薩長新政権に反抗し、その後は姿をくらまして、明治五年になってやっと現われたというこの男の巨大な影が、物語の隅々に落ちている。アメリカから妾を孕ませたという奇想もさることながら、そこに作者の並々ならぬ手腕と史眼を感じてしまうのだ。

『明治波濤歌』は六つの短篇を収めるが、いずれもレベルは高く、シリーズ中でも傑出した作品のひとつとなっている。集中『からゆき草紙』と『横浜オッペケペ』についてはすでに述べたが、心ひかれる作品にもうひとつ『風の中の蝶』がある。

これは北村門太郎すなわち透谷と大阪事件の関わりを骨組みにした小説である。自由党系の政治運動から離れて、文学者としての途を歩き始めるきっかけとなった透谷若き日の事件については詳説する必要もあるまい。作者は色川大吉の研究によってこの小説が書けたと言っている。大阪事件の性格、この事件と透谷の関わりについて、作者はなんら独自の解釈を示していない。作者の工夫はただひとつ、南方熊楠を登場させたことである。熊楠と透谷、大矢正夫、石坂公歴などの政治青年とのとり合わせはまさしく奇想そのもので、大井憲太郎・景山英子一党の革命的英雄主義はことさらに批判せずとも、熊楠の登場によって無化されてしまう。粗大な政治理念などとは何の関わりのない、のびやかな精神の軌跡を描く熊楠の存在が斜光のようにさしこむことで、空疎な政治理念に振り廻される青年たちの青春のかなしみが、それこそ風に玩ばれる蝶のように浮き立つのだ。まさに異質なものを貼りあわせることで得られたコラージュの勝利である。

『築地西洋軒』は例の『舞姫』のエリスが、鷗外を追いかけて日本にまでやって来たのを、鷗外の妹婿の小金井良精と弟の篤次郎がいかにして追い返したかというお話である。追い返したというより、林太郎は嘘を言う人ではない、彼に会わせてと言い張ってきかないエリスが、どういうわけで自ら帰国する気になってくれたか、その次第が語られるのだが、この一篇ほど作者の類いまれな構成力・話を仕組む才能が発揮された例はない。まったく手品を見せられるようなもので、手品じゃどんなに巧みでも詰らぬと言いたい方は、読み終えれば、この一篇がハリス、オールコック以来有名なかの「日本人の嘘」に関する小論文になっていることに気づくはずだ。

『それからの咸臨丸』は、咸臨丸の太平洋横断にも加わったかつての乗組員が、最後まで官軍に抵抗する話だが、風太郎には維新の敗者に対する強い同情があって、これは彼の反時代的な鬱懐が洩らされた一篇といってよい。風太郎はよく正義を信じないニヒリストなどと評されるけれども、それは時代が正義と称するものを信じないというだけで、かえって内心に極めて強い正義感を秘めた人なのである。敗者は敗れるべくして敗れたのだろうが、かといって勝者が敗者に加えた理不尽な行為を許してはならない。風太郎が敗戦経験によって得たきわめて強烈な信念のひとつにこのことがあった（それは敗戦日記に明記されている）。この短篇の主人公は、戊辰の年、駿河の清水港で、官軍が漂着した咸臨丸に言語道断の暴虐を加えたときも乗組んでいた。彼の復讐とその挫折がこの一篇の物語なのである。

作者は結末でこの主人公を自首させるが、その動機は、「武士に二言はない」というにあった。この古い倫理に作者は共感している。つまり、理に合おうが合うまいが、作者は明らかに愚直な一途さの側に立つのだ。これがニヒリストのやることだろうか。時代の流れからして正しいか正しくないかなどという、歴史の弁証など風太郎は信じない。

人は歴史の動きなどとは関係がなく、信義に立つべきである。これも彼が敗戦から得た論議の要のない信念である。かかる信念の持ち主がニヒリストであるはずがあろうか。彼は信念を曲げぬ頑固者が好きなのだ。佐藤昌介の『洋学史研究序説』や杉浦明平の『小説渡辺崋山』で、あれほど悪辣ぶりをあばかれた鳥居耀蔵をむしろ同情的に描いたのも、その類いまれな頑固ぶりだけは彼の好みに適うものがあったからだろう。

私は風太郎の明治シリーズに勝海舟が登場しないのはなぜかといぶかっていた。風太郎の頭の働き具合からすれば、海舟こそ彼の好みの人物のはずではないか。彼は維新の人傑を三人あげるなら、海舟と福沢諭吉の二人は必ずその中にはいると書いているのだ。実は彼は『東京南町奉行』で、ちょっとだけ海舟を登場させている。だが、たった一度きり、それもちょいの間というのは解せない。風太郎は勝と福沢を歴史的人物としては高く評価しながら、人間のありかたとしては好きではないのだと私は思う。諭吉は明治シリーズに何度も登場するが、相当にがめつく抜け目のない人物に描かれている。

また榎本武揚も、風太郎は評価はしても好きになれぬらしい。『それからの咸臨丸』に出てくる釜次郎は、主人公から変節をなじられて、自分のような有能な人間は日本のために才能を発揮せねばならぬ義務があると答える。風太郎はこういう「日本のために」という発想の欺瞞を、敗戦時に心に刻みこんだのである。彼が二度と信じまいと心にきめたのは、「日本のために」といった大義と、歴史の進歩であった。大義と進歩を信じないかわりに、「武士に二言はない」と言って、一度脱出した石川島監獄へ戻ってゆく吉岡艮太夫《こんだゆう》を信じた。吉岡は実在の人物である。

大変革期である維新における人間の進退は、こうして倫理化され心情化された。倫理と心情がすべてだというのではない。風太郎は明治のフーシェというべき謀略家川路利良を、けっして単純な敵役として扱ってはいない。だが、倫理も心情も踏みにじる歴史の進歩に対して、一矢報いずにはいられないのが彼の作家としての基本的立場であることをこの一篇は明示している。私が風太郎の「史眼」を云々するのは、歴史に対する広汎な見識とか、史実の解釈の深さとかを言うのではなく、歴史の谷間に埋没してゆくものへの感覚、あえていえばカメラのロー・アングルぶりを指すのだ。

『エドの舞踏会』は連作のうち、最も私の興味を唆らぬ作品である。といってこの連作集の出来が悪いというのではない。井上、伊藤、黒田、大隈など錚々たる大官たちの令夫人それぞれの物語を、鹿鳴館舞踏会に結びつけてゆく手腕、狂言廻しに山本権兵衛少佐をもってくる趣向、あい変わらずあっと言わせずにはおかぬ奇想、どの点をとっても文句は言わせぬ出来栄えにちがいない。凄絶な模様もあれば、おおらかなること海のごとき場面もある。だが、歴史上の縦深が感じられないのだ。あるいは私は、それぞれの令夫人たちのあまりな賢夫人ぶりに、あるいは芝居にしていいような意地の張りように、いささかげんなりしているのかも知れない。男を立てつつも、女の意地が噴き出してしまう明治の女、それも上流夫人の構図など、何も風太郎の手腕をまつことはないという気がする。

集中わずかに私の興をひくのは、山県有朋が若い妾をひそかに囲う話である。山県らしく慎重に匿しているのだが、権兵衛は計らずもこの秘密を看破ってしまう。妾はまだほんのネンネで、旦那から優しくしてもらっているにもかかわらず、籠の鳥のような境遇が恨めしく、チャリネの曲馬を見にゆきたいなどと涙をこぼす。チャリネ曲馬団の来日は明治一九年、話は合っている。

私がこの話をおもしろがるのは、妾の存在を慎重に秘匿するやり口が、いかにも山県らしいからではない。わずか一七の、チャリネが見たいと泣くようなおぼこ娘を、掌中の珠のように大切にしている山県を描き出したのは、さすが風太郎だと感じるからだ。山県は専制の代表者、権威主義者で陰険でというのが定評で、事実その通りなのだろうが、実はデリケートで柔らかな心を匿していた男ではなかったかと、つねづね私は思っていた。でなければ、あれほどすぐれた歌人であったはずがなく、作庭にあれほどの趣味を発揮できたはずはない。風太郎が山県のそうした隠れた一面をちゃんと見ていたらしいことが、私は愉快だったのである。

さらにもうひとつ、ル・ジャンドル夫人の話にも看過せない挿話がある。ル・ジャンドルはフランス生まれのアメリカの軍人で、明治五年外務省の顧問に傭われ、清国との外交交渉で活躍した人物だが、それはどうでもよろしい。問題は夫人で、これが何と幕末四賢侯の一人と謳われた越前侯松平春嶽のご落胤だという。異人に人身御供のように嫁がされたせいか、極度に誇り高く、ル・ジャンドルが「生まれて来る子が女ならばまだよいが、男ではあいのこ扱いされた場合かわいそうだ」とうっかり言ったのがいけなかった。男の子が生まれるとさっさと里子に出し、一切縁を切った。あなたの仰せの通り致しましたというわけだ。その情のこわさたるや、その子を一生家へ近づけなかったほどだ。この男の子こそ、後年の名優十五世市村羽左衛門である。これは実話だが、風太郎の話の作りは、例によって明治社会の底の深さを感じさせてみごとだ。

私が不思議に思うのは、風太郎の小説にまぎれもなく女人への渇仰と尊敬が滲み出ていることだ。女に一目置いていると言ってもいい。『エドの舞踏会』だけではなく、また明治物だけではなく、すべての作品がそうなのである。不思議というのは、彼の青春の日の日記には、女に対する軽蔑と罵倒が、これでもかこれでもかといった具合に繰り返されているからである。だが、彼の女に対する悪口は、彼自身の合理癖、理屈に合わぬものへの焦ら立ちから来ている場合が多い。例えば叔母の手紙に物価騰貴にふれて、近頃は百十円していますとあるが、何が百十円するのかさっぱり判らない、おそらく米だろうが、女の頭脳の構造かくのごとしと書いているのがそれである。また彼は自分は医学生であるから、女に対してロマンティックな幻想を持てないとも記している。

ところが作品の示すところでは、風太郎は性高貴にして純粋、この世のけがれと無縁のような女性が大好きなのである。大好きというより明らかな憧憬の感情が認められる。では、マリア様みたいな女ばかりがいいのかというと、そうではなくて淫女にも大いに同情を示す。明治四年に暗殺された参議広沢真臣の妾おかねの扱いがそうである。

風太郎は彼女について短篇をふたつ書いている。『天衣無縫』、これは一九五五年の執筆。『痴女の用心棒』、これは『警視庁草紙』の一篇。よほどこの「痴女」がお気に入りなのだ。おかねは躰中から色気が滲む美女だが、いくらか頭に霞がかかっている風で、性も善良。しかし、男を狂わせるだけではなく、自身が男好き、脳中にはつねに房事あるのみ。参議暗殺の下手人を挙げるには、他に一切手がかりをもたぬ警視庁はいささかおつむの弱いこの女を責めるしかない。彼女は四年間収監されて、その間ありとあらゆる拷問を受けた。

警視庁は情痴上の殺人を疑って、彼女の男出入りを追及するのだが、苦しまぎれに彼女は次々に男の名を口にする。その男を捕えてみても結局はシロ。それにしても、次から次に男が出て来るのに警視庁は呆れる。妾といっても彼女は広沢参議と同棲して妻同然、いつの間にどうやってそれだけの数の男と関係できたのか。いくら拷問しても、これでは広沢参議の名誉が傷つくだけである。結局、彼女の天衣無縫の痴女ぶりに振り廻されただけで、警視庁は空しく彼女を放免した。ふらふらと獄から現われた彼女は、以前と変らぬ豊満な女っ振りだったという。

『痴女の用心棒』は放免後のおかねを、何か手がかりを漏らすのではないかと、警視庁の刑事や暗殺者の一党が見張り、それを不気味に思うおかねが用心棒を兵四郎に頼むという趣向だ。ところが彼女は早々と男と同棲していて、密偵たちや兵四郎を夜ごとの浪声によって悩ませる。まったくこの「痴女」殿、天下無敵なのである。おかねの場合、風太郎は彼女の無邪気さに惚れたのであろう。しかしまた、悪魔的な淫女というのもいる。風太郎が度々登場させている高橋お伝はこのタイプ。明治シリーズではないが、『誰にも出来る殺人』のヒロインは、聖処女ともいうべき清純な女で、幼稚園の保母をしているという振れこみだったが、正体は男を狂わせる淫売婦だった。まさに、風太郎にとって理想の女ではないか。私は彼の推理小説では、この長篇が一番の出来だと思う。

風太郎は敗戦後の日記に、女には関心も欲望もないと書いている。若い盛りなのに栄養失調気味だったのかと言いたくなる。だが、これは本音だろう。あるいは彼は一生そうだったのかもしれない。逆にそれだからこそ、あれほど多彩な魅力ある女性を造形できたと考えることもできる。

彼には大女に対する嗜好もあったようだ。『くノ一忍法帖』に出て来る、長宗我部盛親の妻だという大女もその一例、怪力無双の癖に、何となくエロティックで母性的である。『風の中の蝶』では、南方熊楠が得意の猥談をやらかす場面がある。彼の故郷の近くに巴御前と異名のついた女がいた。なかなかの別嬪なのだが、米一俵背負って五里くらい平気で歩く。この娘が嫁入りした晩、悪童どもが婚家のまわりに忍んだ。すると深夜、ハアァァァ……エエェェェ……という迦陵頻伽のような声が七度聞えたというのだ。

北村透谷や石坂公歴といった政治青年には何のことだかわからない。老政客の秋山国三郎だけが笑った。こういった大女にエロスを感じるというのは、女に母性を求める感性だと思う。風太郎は少年のときに母を喪った人である。

『ラスプーチンが来た』は、明治二四年ニコライ皇太子が大津で遭難した年に、ラスプーチンが日本にやって来たという架空の設定ひとつとっても、シリーズ最大の怪作といってよかろう。おまけにチェーホフが出てくる。チェーホフがサハリン旅行の際、ラスプーチンに会ったというのだ。チェーホフはブラゴヴェシチェンスクで、死にかけている日本人娼婦を診察したことにされている。その娼婦というのがこの小説のヒロインの母親で、このシーンは作中でも重要な意味を持たされている。

中本信幸『チェーホフのなかの日本』によれば、事実はチェーホフはこの街で、診察どころか日本人娼婦を買い、「あの事にかけては絶妙な手並みを見せ、最高に調教された馬に乗っているような気になる」とか、「日本女は袖から一枚の懐紙を取り出し、『坊や』をつかみ、意外なことに拭いてくれます」などと友人に書き送っているのだ。以上は余談だが、作者が例によってラスプーチンについても、チェーホフについても、十分な勉強を積んでいるのは明らかだ。だが、作中のラスプーチンやチェーホフが本当に生きているかといえば、私にはそうは思えない。

その上、この小説には、下田歌子と穏田の行者飯野吉三郎という、明治の上流社会に喰いこんだ怪人が出てくるし、二葉亭四迷や内村鑑三が大事なところで登場する。しかも全体の狂言廻しが、日露戦争時、ロシア国内の反政府運動に援助を与えた例の明石元二郎の若き日ときては、話がおもしろくならぬ訳がない。事実、おもしろさという点では、この作品はシリーズ中でも出色である。だが、てんやわんやの大騒ぎの割には、心に残るものが少ない。物語の仕組みの巧みさにもかかわらず、心に残るのは「芝居ならしらず、ほんとうの人間の世界には、脇役というものはない」という明石の述懐だけである。下田歌子や飯野吉三郎も折角の登場だが、何だか薄っぺらく、怪物の面目に欠けるようだ。

四谷鮫ヶ橋の貧民窟の描写も型通りだ。風太郎は松原岩五郎の『最暗黒の東京』によって、その実情を描いている。坂口安吾は『捕物帖』の一篇でおなじこの貧民窟をとりあげ、花田清輝から激賞された。都筑道夫は『日本探偵小説全集・第一〇巻』（創元推理文庫）の解説で、安吾が横山源之助の『日本の下層社会』を整理引用しただけだと指摘し、「花田氏、『日本の下層社会』を読んでいないのかしら」と首をかしげている。まさにルポルタージュ式に、貧民窟の悲惨・汚穢を描いてみせたからといって、何ということはない。そもそも徳川時代、江戸にはモースが明治初年に見た通り貧民窟はなかった。明治も時が経つにつれて、それが出現したのである。その辺に目を届かせた話の作りがほしかった。

総じて、『ラスプーチンが来た』は滅法おもしろい小説であるにもかかわらず、シリーズの他の諸作にみられるような、明治社会の悲喜交々たるダイナミズムが脈打っていない気がする。小説の読みどころはほとんど、無鉄砲で爽快な明石中尉の活躍しかない。もちろんそういえば、大津事件の「凶徒」津田三蔵を登場させた作者の心づもりを無視することになろう。結局、血友病の弟を抱えた悲劇の美少女に焦点が当たりすぎているのが、私には詰らなく思えるのかもしれない。母から伝えられた淫蕩の血なんて古い、古い。男同様、女が交合を好んで何が悪い。淫蕩などと言ってもらいますまい。

最後に大作『明治十手架』がくる。主人公の原胤昭は八丁堀組屋敷に生まれ、慶応二年、一四歳のときに家督を継いだ。幕府瓦解ののちも石川島監獄の獄吏を勤めていたが、新政府の役人の囚人の扱いが気に入らない。薩人中心の役人はごろつきみたいなのが多くて、囚人を虐待する。見るに見かねてかばおうとすると、今度は原たち徳川系の古顔に当たる。いい加減いや気がさしているところに、先輩与力だった有明捨兵衛が殺された。捨兵衛は十手術の名人で胤昭の先生である。有明一家は瓦解の際慶喜に従って静岡に移ったので、もうずいぶん会っていない。それが明治七年、ヘボンを案内して石川島にやって来た。捨兵衛は横浜で絵草紙屋をやっていて、ヘボンと親しい。日本の監獄を見たいとヘボンが言うので、石川島に原がいるのを思い出して、ここに連れて来たという。幼馴染だった娘のお夕も一緒である。クリスチャンになっていて、ヘボンからこういう所も見ておいた方がよいと言われてついて来た。「碧い海に不知火が燃えたかと見える美少女」になっている。

捨兵衛は看守たちが囚人をリンチしているのにまきこまれて殺された。看守の三人はいずれも武術自慢の悪辣な輩、四人の囚人はこれまた名うての凶悪な連中ばかり。捨兵衛は看守の乱暴をやめさせようとして殺されたのだが、殺しには三人の看守だけでなく、警視庁からついて来た二人の巡査の手も加わっていたらしい。ヘボン、胤昭、お夕はその場には居合わせていなかった。

これが事件の発端である。胤昭はその日のうちに辞表を出し、お夕と妹を助けて横浜で絵草紙屋をやることになり、そのうちヘボンの人柄に感化された。ヘボンは診療費を一切とらなかった聖医である。明治一〇年、十字屋絵草紙店は東京銀座に移った。店には「出獄人保護所」の看板がかかった。お夕が父の遺志を継いで、出獄者が世間の海に再び漕ぎ出してゆくための小さな港を作りたいというのだ。結局、これが胤昭一生の事業となった。

風太郎の小説であるから、話がこれで終わるはずはない。胤昭は結局、捨兵衛を殺した三人の看守二人の巡査と対決を迫られ、物語は復讐譚の筋道をたどることになる。この五人が風太郎好みの魔人である以上、対決は幻想怪奇の相を呈するが、胤昭の味方となるのは、捨兵衛が殺された日、看守たちにいたぶられていた四人の囚人で、これがかたきたちに輪をかけた魔人とくるからには、怪奇の相も極まらずにはいない。まさに『忍法帖』の世界の再現で、暇つぶしの読物として上々の出来栄えである。

だが、この物語には暇つぶしの読物以上のものがある。第一にこれは、原胤昭青年の倫理的人間的な成長の物語である。作者の明治シリーズの中で、この小説は唯一、ポジティヴな光で照らされた作品である。胤昭は新政府のやり口が気に入らぬ旧代の遺臣の一人には相違ないが、何しろ歳が若い。瓦解の際は一五歳である。それにヘボンから人道ということを学んだ。念願どおり「殉教」したお夕からは、純粋ということを教えられた。だから反政府といっても、駒井相模守や千羽兵四郎のように、政府をからかって鬱を散じるというのではない。干潟干兵衛のように、内心留保するところのある自由党左派の蜂起に殉じようともしない。それよりもっと展望のある途についた。出獄者保護というのは、胤昭の場合、明治政府が上から作りつつある新社会に対抗して、下から人間らしい社会をささやかなりと築いてゆこうとする試みである。

風太郎の明治シリーズは維新の敗者に対して一貫した同情を示してきたが、最終作『明治十手架』に至って、敗者が敗北をポジティヴに克服する途が示された。『明治十手架』における胤昭は威勢のいい正義感溢れる好青年というにすぎないが、『地の果ての獄』における彼は、荘重深沈たる信仰者に変貌している。社会を近代的に改造してゆこうとする新しい権力の滔々たる流れに対抗するには、抵抗者の内面における成熟を要したのだ。そのような抵抗者の旅立ちを描きえたときに、作者はシリーズ完結の確かな手掛かりをつかんだに違いない。

第二に作者はこの小説で、徳川社会の持っていたよき面が、新しい権力によって意図的に破壊されたことをはっきりと示した。刑事司法の強圧的で惨忍な性格が、徳川社会には存在せずに、明治以降に新たに生まれ育ったものであることを明瞭に語った。物語中の悪役である三人の看守と二人の警官は、もちろん怪物風に誇張されているけれども、彼らに代表される日本帝国の刑事司法の専制的性格は、徳川の遺風などではまったくなくて、新たに出現した帝国主義的近代の後発的様相であることを、作者は見抜いていたように思われる。むろん、徳川時代の刑事司法にも、近代人の感覚からは許容できぬ前近代特有の惨酷さは存在した。しかし、明治の聖代が作り出した圧制と惨忍は、それとは異なる新しい性格のものである。そのことをさとらせてくれるのは、『明治十手架』という小説の思わぬ手柄といってよかろう。

原胤昭は実在の人物で、『戊辰物語』（岩波文庫版）にも、旧幕時代の事情の語り手として何度か登場する。小説でも実際の履歴が踏まえられていて、明治一六年、福島事件の被告六名を『天福六家撰』と題する錦絵にして売り出し、石川島監獄に禁錮されたというのも、まったく事実にもとづいている。「天福」は政府顚覆の顚覆をもじったのだ。ただし、胤昭は明治七年に宣教師カロ－ザスによってキリスト教に入信しており、十字屋を開店したのも明治八、九年のことだと自ら語っている。横浜にいたこともない。出獄者保護を思い立ったのも、石川島を出獄したのちのことだ。有明一家やヘボンとの関わりは、明らかに作者の創作である。与力出身でキリスト教に入信し、その関係の書籍を売る店を開いたというだけでは小説にならない。有明父子を導入することで、明治の警察権力との命を賭けたドラマが生まれ、聖女お夕に導かれて内面的に成熟してゆくという小説の骨格ができあがった。風太郎の小説の作法が目に見えるようである。作者は現実の原胤昭よりずっと、明治権力に歯向かう内発性を備えた人物に、作中の胤昭を仕上げているように思われる。

『明治バベルの塔』は四つの短篇を収める。いずれも工夫に富み読ませる。私は『牢屋の坊っちゃん』というのが好ましい。主人公は日清戦争講和のため下関にやってきた李鴻章を狙撃した小山六之助で、彼が収監された釧路や網走で、獄吏に対して意地を立て通す様が爽快、というより痛快なのだ。一体この李鴻章狙撃というのがわからない。ウィッテを狙撃するというのならまだしも、李鴻章を撃ってどうしようというのだ。大津事件の津田三蔵にしても、この小山六之助にしても、一知半解に天下国家にめざめるとこうなるという例証としかいいようがない。幕末は別として、徳川時代にはこんな素頓狂な野郎は出現しなかった。もっとも小説は、狙撃一件についてはまったく突きこまず、ただ入獄中の六之助とその同囚の反抗のハチャメチャ振りを叙べるにとどまる。その意味で『地の果ての獄』の外伝の趣がある。

それにくらべて、『四分割秋水伝』における幸徳秋水とその周辺の雰囲気の痩せこけて暗いこと。いろいろと同情はできても、突き抜けたところがまったくない。明治社会主義のこの貧寒として骨だらけな印象は一考に値する。

ちくま文庫版の同書には、独立の短篇『明治暗黒星』が収められている。星亭を伊庭想太郎の眼を通して描いたところに一工夫がある。私は「公盗の巨魁」とか「押し通る」とか仇名されたこの人物が昔から好きだ。というより、相当に評価されて然るべき人物と思う。前田蓮山の『歴代内閣物語』は、第四次伊藤内閣（第一次政友会内閣）のときに、政友会院内総務として「圧倒的威望」を発揮した星亭の姿を次のように描いている。閣員と政友会幹部の合同予算査定会の光景である。

「星は例の太い葉巻タバコをくわえながら座長席に着き、予算書をめくりながら『地方官増俸、削りますよ、異議ありませんか』といい終わった時には、すでに赤鉛筆で抹消していた。末松内相は目ばたきを一つ二つしたばかりであった。『台湾兵営建築費、削りますよ』。星は児玉陸相に随行して出席していた同省総務長官中村雄次郎（中将、山県派）をじろりとにらみ、『異議ありませんか』といいながら赤線を引いた。児玉陸相は居眠りでもしていた様子。『呉海軍造兵廠拡張費、これは……』星は山本海相をちらりと見た。山本は『それは』といって立ちあがろうとしたが、星は微笑しながら『まァ仕方があるまい。承認に異議なしと認めます』といい、つぎに移った。『司法官増俸、これは削りますよ』。この司法官増俸は全国判検事が団結して要求したものであったから、金子法相は大いに驚き、『それは……』と立ちあがろうとすると、伊藤首相が『バカッ』と一喝した。同時に星はズッと赤線を引いた。金子法相はあげかけた腰をおろして沈黙した」。

風太郎は「公盗の巨魁」と新聞から指弾された星亨があとに残したのは、一万三千冊の書物と借金ばかりだったことをちゃんと書いている。また妻ひとりを愛して、妾を置かなかったことも記している。星は彼の諸作に何度か登場していて、描かれかたは好意的である。しかし、この『明治暗黒星』は、伊庭想太郎という明治の剣客のゆがんだ視線を通して星を描いているので、星の真骨頂が表われるには至っていない。むしろ作者は、八郎という偉大な兄の影のもとで、おかしなゆがみかたをして行ったこの正義きどりの暗殺者に興味をもった書き振りである。風太郎が星を本格的に描かなかったことを私はうらみとする。だが『明治暗黒星』の「暗黒」は、作者のイメージとしてはけっして悪徳の象徴ではなく、むしろ周囲の無理解によって覆われた可能性の象徴だったのではあるまいか。

＊

最後に、風太郎の戦中戦後日記について触れておきたい。彼の明治物を再読する際、とうとう五冊揃えて読まずには落着けなくなったのである。もっともこの日記について書くのは大事業である。それだけの内容が詰まっているのだ。明治物との関連で、必要なことだけ書いておきたい。

書き易いことから書くと、この人の物語を作る才能はすでにこの日記群に十二分に表われている。汽車や電車の中、あるいは街頭で見かけた光景・出来事が、おどろくべき詳しさで書きとめられている。観察力もなかなかだが、それよりも見たことを書きとどめる詳しさがすごい。日記というより、意図的な世相観察記なのである。私ならずとも、日記でこれほどの詳しい叙述・描写をするというのは、普通はありえないことだろう。まさしく作家的本能の発露としかいいようがない。

しかも、早くも二〇歳で文章が完成している。すでに一人前の作家といってよい文体なのだ。文語体の風景描写などさながら詩といってよい。戦時中書かれた名文のひとつに数えても過褒ではない。詩といえば、完成した詩作品がいくつか出て来るのだが、そのみごとさに驚愕を禁じえない。これも戦時中書かれた詩の中に置いて出色であると思う。まさに溢れんばかりの才能である。この人は中学生の頃から、いろんな雑誌に投稿して賞金を得ているのだ。生まれつきの文才であろうが、また読書も並ではない。

戦中日記は昭和一七年、風太郎二〇歳のときから始まる。読書について見れば、戦争中はさすがに量も少なく、終戦後徐々に増えてくる。二一年から二五年にかけては大量に読んでいる。乱読といっていい。むろん文学書が多いが、それだけでなく多方面にわたっている。ちょっと早熟な文学少年なら旧制中学上級の頃読んでいるべき西洋・日本の名作を、二四、五歳になって読んでいることも注目される。『ウェルテル』を読んだのが二四歳のときなのだ。この人の教養は旧制高校系統のものではない。中学を出たあと工場で働き、二二歳になって医学専門学校へはいった。文系の学問、文学についてはまったくの独学である。従って、自分の興味のあるものだけを読む。二〇歳の頃から江戸期の稗史・随筆を本格的に読んでいるのは、この人の世代では珍しい。つまり、教養としてひと渡り手を出すのではなく、自分の関心に従って対象を攻略する読みかたなのである。昭和二四年には切支丹・南蛮関係の文献を読みこんでいるが、これは創作のためであろう。私のおなじ年頃の読書が一般的教養的であったのに、この人の読書はもう大人の仕事師のそれになっている。何かを調べたいと思うと、文献を揃え読破する。その精力・集中力には瞠目すべきものがある。明治期の文献もそうやって読破したのだろう。

芥川に自分と通じるものがあると感じ、谷崎を最高の作家と尊敬した。生まれついての物語作家なのだ。だから、文壇主流の私小説作家にならなかったのはわかるが、何も推理小説家にならなくてもよかった。昭和二一年五月に雑誌『宝石』創刊号を買って読み、こんなものなら自分にも書けると思った。それまでは推理小説をろくに読んだことがなかった。七月には『達磨峠の事件』を書いた。だが一〇月四日の日記には「探偵小説というものに全生命をかけた人々が存在するのに一驚せざるを得ない。僕はどうしても探偵小説などに全生涯を捧げる気がしない」と記す。一一月一四日になって、『達磨峠の事件』を投稿した岩谷書店から、九二〇円の稿料が届いた。「クダラヌ作品なり」と自嘲する。しかし、一枚二〇円の稿料は嬉しかったはずだ。当時、鰯一六匹が二〇円なのである。叔父が援助をしぶるために、医学生の風太郎は自活を計る必要があった。しかし、これですぐ推理作家になったわけではない。一二月二二日の日記には、「探偵小説はもとより余技なり。余は、生涯探偵小説を書かんとはつゆ思わず。歴史小説、科学小説、諷刺小説、現代小説、腹案は山ほどあり」とある。また新聞記者志望も漏らす。実現していたら大記者が出現していたことだろう。

この年の『宝石』一二月号に懸賞小説当選作が発表され、風太郎の『達磨峠の事件』と『雪女』が選に入った。あけて二二年一月一日、江戸川乱歩から「土曜会」に出席するようさそいがかかった。推理小説の研究会である。二二日の同会に出席すると、乱歩は風太郎が学生であるのに驚いた様子だった。だが、二月二〇日の日記には、「探偵小説の限界は知れたものなり、決してこれに全精神を打込むべからず」と記さずにはおれない。しかし、推理作家たちとの交際が始まり、定期的に作品を発表するようになると、風太郎はもはやこの軌道からはずれることがむずかしくなる。何しろ、楽々と作品ができるのだ。あい変らず、推理小説は男子一生の仕事にあらずと思いつつ、そうなってゆく。ひとつは、推理作家の世界でとび抜けた才能の新人と注目されたのが快かった。乱歩宅に遊びにゆくと、乱歩は池袋駅まで送ってくれ、握手してそっと囁いた、「君はいい、君はいい」。そして、金がはいった。二三年一月二日には、一万四千七百円の原稿料を受けとった。前年には数百円の金の工面に苦労していたのだ。

こうして、もっと幅広い、もっと「純文学」的な物語作家となれたはずの風太郎は、推理小説作家という限定のなかで仕事をしてゆくことになった。昭和二四年二五年度を収める『戦中派動乱日記』では、これまで彼の日記の特色をなしていた詳細な記述・描写があとを絶った。一日数行のわれわれ常人なみの日録となり、内容は作家仲間と飲み歩く日常を示すのみになった。昭和一七年から一九年にかけての『戦中派虫けら日記』の「あとがき」で風太郎は書いている。「この暗澹たる青春の底で夢想した幻影——平和と豊かさ、そのそこばくを思いがけず得た瞬間から、おそらく私は退歩しはじめたのである」。

しかし風太郎は、推理小説に分類された諸作品でも、敗戦時に得た痛烈な自覚を折にふれて漏らしている。彼の推理小説の最高峰とされることの多い『太陽黒点』は、物語の表面の流れが、最後にまったく違う構図に作り変えられてゆく手際はすごいけれども、私見では無理なコジツケや、現実にうまくゆきそうもないトリックなど、けっして感心したものではない。にもかかわらず、彼の敗戦時からもち越した痛切な心情が刻印されている点で、これはやはり衝撃的な作品といわざるをえないのである。主人公の平凡な中年サラリーマンがなぜこんな手のこんだ遠隔操作的殺人を行なったかといえば、戦争末期に知り合ったある特攻隊員の「清純潔白、神にひとしい」姿を忘れることができなかった。この「比類のない、みごとな青春」が何の意味もない「無」であってよいのか。日本が「あの戦争に負けて、なんとかえって幸福になった」以上、あの自己犠牲はすべて無に帰すことになる。そんなことがあってよいのか。「誰カガ罰セラレネバナラヌ」という呪文が、かくして主人公の頭脳に棲みついた。風太郎はそう物語っている。

風太郎は人間の生態を医学者のごとく冷厳に表現する作家だといわれる。このことは彼自身の若き日以来の自覚であって、日記には確かにそうしたことも書きつけられている。だが、表には冷笑的で皮肉な態度を保ちつつも、この人の胸底には人間のもつ真率で純粋な熱誠に感動する熱い心が匿されていて、折にふれて露頭せずにはいない。この点でも、彼は芥川によく似ているのである。この人間の尊い熱誠が歴史という怪物によって踏み躙られるとき、彼の最高の作家的情熱に火がつく。

彼の明治シリーズは、根底にこのような秘密を抱いて生まれた作品群である。敗戦以来の彼のこだわりが明治変革期に時を移して、様々な角度から照らされることになった。彼のそれぞれの風太郎らしい伝奇性と怪奇性にみちた物語の根底に批評が据えられた。彼のもっとも本質的な作家的主題に、推理小説という窮屈な形式から脱して、自由に羽搏く機会が与えられた。このシリーズによって、風太郎はついに作家として本懐を遂げたのである。しかも、習熟した推理小説的趣向も十分に生かされた。このような幸運は、けっしてすべての作家を見舞うわけではない。明治シリーズを書き続けた十数年は、風太郎にとって豊穣の時間だった。大団円、この言葉はこの時の風太郎のためにあった。

第二章　三つの挫折

つい先頃、名高き『安吾捕物帖』を初めて読んでみた。おもしろいのもつまらぬのもあったが、印象深かったのは、坂口安吾が維新変革期の名もなき人びとの運命の転変に、あたたかであれ冷やかであれ、つよい目差しを注いでいることだった。たとえば開国後、ヨーロッパを巡業して廻った芸人一座があったけれど、『捕物帖』には、そういった一座の後日譚も含まれている。

しかし、私がもっとも心うたれたのは、『時計館の秘密』と題する一話で描かれた、ある彰義隊崩れの半生である。主人公はおとなしい御家人で、組頭をしていた父親が死んだ夜、その父親の苦手にしていた悪餓鬼の御家人たちが乗りこんできて、「線香あげにきたが、ホトケはどこだ」と喚き廻った挙句、中でも頭目に当る奴が吐く科白がすさまじい。

「なるほど。この白木の位牌だな。ジジイにしてはミズミズしく化けたものだ。人間、なるべきものになって、まことに目出たいな。酒をだせ」。目出たいなと言ってひと呼吸置き、「酒をだせ」と来る。これは噺家の間の取りかたで、御家人の悪童どもはせっせと寄席へでも通って、こんな話術の呼吸を身につけるぐらいしか、することがなかったのだ。

ちょうど上野戦争の直前である。主人公は新妻が身重でもあり、上野のお山にたて籠るような気はまったくなかったが、「バカヤローめ。女房のお産がすむまで戦争を待ってくれてえ侍が大昔からいたと思うか。ききなれないことを云う曲者じゃないか」と、悪童どもにひき立てられて彰義隊に加わり、とうとう陸前の塩竈まで落ちのびる羽目となる。これは話のトバロで、波瀾の末に主人公が東京で物産会社を起して成功したとたん、過去の亡霊が甦って探偵の出番となるのだが、これ以上の話の筋はどうでもよろしい。

私は安吾先生が彰義隊崩れを主人公に選んだところがさすがだと思った。しかも型通りの怨念にみちた挫折者などではなく、もともと侍に向いていなかった若者が、仲間に無理強いされて上野寛永寺にたて籠る羽目となったが、それが逆運となって、隠れていた商才がめでたく発揮されたと話を持っていくところが、作者のひとひねりした趣向なのだろうと思った。

しかし安吾は、箱館五稜郭まで落ちのびた悪童御家人たちの運命が悲惨だったことも、彼らの頭目分に犯されて子を生まされた主人公の妻が、盲目になって四谷鮫河橋の貧民窟で暮らしていることも、一方でちゃんと書いている。彰義隊崩れの虚無はもちろん安吾の視野にはいっていた。黙阿彌の舞台からおりてきたみたいなワル御家人は、徳川の世が薩長の田舎者にひっくり返されるのがおもしろくなくて、彰義隊に加入したのだろうが、そもそもは徳川の世もおもしろくなかったから、科白だけが気の利いた黙阿彌風の悪党になったのだ。彼らに立ちこめている幕末の闇は相当に深い気がする。

私は長谷川伸にやはり彰義隊崩れを主人公にした小説があったことを思い出し、引っぱり出して再読してみた。『江戸と上総の男』という昭和二六年から翌年にかけて発表された長篇である。坂口安吾が『明治開化安吾捕物帖』を発表したのが、昭和二五年から二七年にかけてのことだから、この二人は時をおなじくして、時代の転回がとり残した挫折者の姿を思い浮かべていたわけである。「崩れ」といえば、敗戦直後には絹の白マフラーを首に巻いた特攻崩れというのがいた。黒澤明が昭和二三年に作った『酔いどれ天使』の主人公、三船敏郎がやったあの復員兵あがりの若いヤクザの残像が、安吾や伸の頭になかったはずはない。

『江戸と上総の男』の主人公は志田明《あかし》という四五〇石どりの旗本の息子である。明治元年一七歳のとき彰義隊に加わったが、五月一五日の上野総攻撃の三日前に脱走、乳母の家やなじみの遊女のもとにかくまわれた末、ほとぼりが冷めた頃赤坂のわが家へ帰った。一七といっても数えどしだから、今でいえば高校一年生、まだほんの少年なのだ。そのうち親や親戚が奔走して、内務省駅逓寮の筆生という職にありついた。それを免職になったのが明治七年の九月。「勤務を等閑《なおざり》にいたし」というのだが、ほんとうは職場で紛失物があり、犯人が明だとされたためらしい。一一月には家出して、牛込の黒原三《みつ》光《てる》という御家人のもとに転がりこむ。黒原とは岡場所で知りあったのである。明は二三歳になっていた。

翌明治八年一月八日の夜、四谷で関口雲亭という医者が殺された。殺したのは黒原三光と志田明の二人組である。雲亭は有金を銀行に預けず、胴巻に入れて身につけているということだ。明はその噂を、神楽坂の蕎麦屋の二階で開かれた文明開化窮理会をのぞいてみたときに聞きこんで、何気なく三光に話した。それまで三光は明の生活費から遊興費まですべて負担して、嫌な顔ひとつしない。それがいよいよ金に詰ったらしく、雲亭を路上で襲って金を捲きあげようという。三光がうしろから抱きすくめるから、明が前からかかって着物を切り裂き、胴巻を奪うという筋書である。

明はそれまで、三光から金をもらっても礼ひとつ言わなかった。また、その金がどこから出るのかも考えたことがなかった。作者は維新変革の「煽りをくってアプレとなった者のうち、何割かが、元来は人並でありながら空虚が心のうちに出来て、薄志と弱気が図々しさに変化して出る、そういう中の一人が志田明だ」と書いている。強盗をもちかけられて、何ということもなくそれに乗ったのも、そういう空虚がもたらす無感動であったのだ。長谷川が「アプレ」といっているのは敗戦直後の流行語で、アプレ・ゲールの略、つまりたがのはずれた戦後世代という意味である。

雲亭を殺すつもりはなかったのだが、明が着物を短刀で切り裂こうとすると、雲亭が激しく抵抗するので誤って腹を刺した。これで立派な殺人事件である。奪った金は二分金・二朱金・一分銀、ことごとく旧幕時代の貨幣でしめて一一〇両。警察の探偵たちは幕府瓦解の煽りをくった若僧の仕業と見当をつけた。「このホシは戦争モノがやったのじゃねえと俺は思うぜ、戦争モノじゃねえが、戦争の煽りを食った若僧だと俺は思う。

理屈はねえンだが、あんな手荒いことをする物奪《と》りは戦争モノにはねえだろうと思うからだ」。こんな科白を探偵に吐かせる長谷川は、昭和二〇年の敗戦後、兵隊にも行かなかった若者たちの心に巣喰う虚無を、確かに見据えていたのにちがいない。「心の不具者」とも彼は書いている。

二人は遊郭に登楼中につかまった。黒原は一回の調べで残らず白状したが、「志田明はいかなる訊問にも、青ざめた顔の色にこそなったが、冷笑をうかべるかと思うと、忽ち無表情になって、否認をつづけ、その果は聾と唖のようになるのが毎度のことだった」。そのうち監房に大原影次郎という新入りがはいって来た。これが表題にある「上総の男」である。上総庁南藩の藩士の息子に生まれ、東京へ学問しに出て来て身をもち崩し、落語家の弟子となり、そのうち盗みをおぼえて、大木司法卿や大久保内務卿の屋敷を荒したという触れこみである。

志田は大原と組んで脱獄した。あとは逃避行となるが、道々新たな犯罪を重ねたのはいうまでもない。志田の両親は世間に顔向けならず自害した。しかし、このほっそりした弱々しそうな青年は、自責も後悔もした跡はない。つねに冷然として、連れの大原もときには背筋が寒くなることがあった。大原はかつての許嫁《いいなづけ》から殺され、志田も結局召し取られて死刑となった。この小説はもちろん潤色されているとはいえ、当時の実話にもとづいている。

三〇年ほど前読んだとき、私は志田明という人物像に強い印象を受けた。だから『安吾捕物帖』の一篇から、ゆくりなくもこの小説を思い出したのである。この小説は長谷川伸の傑作のひとつだろう。幕府瓦解後、若い幕臣をとらえた虚無感を、このようにも鮮やかに描き出した作品はほかにあるまい。しかし、彰義隊といえばまた思い出す作品がある。山田風太郎の『絞首刑第一番』である。

この小説は、刑部省から発注を受けて首吊り柱を製作した大工の秀五郎が、皮肉にも自分がそれにかかる第一号となるという、風太郎らしい趣向をこらした短編だが、それはさておき、私が注目したいのは、これに登場する藤波伊織と云う三〇〇石取りの旗本である。上野戦争の前日、秀五郎が荷物を背負って逃げ出そうとするのに、妹のお雪が動かない。お雪は藤波家に女中奉公にあがっていて伊織の手がついた。せめて伊織の骨を拾いたいというのだ。仕方がないから秀五郎はお雪を連れて、上野のお山まで伊織に会いにゆく。

二人を見た伊織は、何しに来た、邪魔だ、早く帰れとつれない。そこへ一梃の駕籠が着いた。現われたのは鍋島藩家老で、慶喜公も水戸表にご蟄居あるに、ここで妄動すれば御一同の破滅とか何とか説教を始める。「あはははは、御一同の破滅ときたか。べらぼうめ、おれたちゃ、あの泣き虫の慶喜《けいき》さんに義理をたててるんじゃねえ。お江戸三百年の亡魂に心中立てしているんだ。いまさら身の破滅が笑わせらあ。やい、あの黒門のなかは、もうとっくに命をなげだした死人のあつまりだぞ。死人に話をしにきたのがうぬの因果だ」。伊織は家老を斬り殺した。

その死人の集まりの一人のはずの伊織は生き残って、二年後に乞食同然の姿を現わした。入獄中の雲井龍雄に届けてもらいたい品があるという。彼は地下に潜行して政府転覆を企む身となっていたのだ。彼が逮捕され、奇しくも救われる経緯については省略しよう。ご覧のとおり伊織は芝居まがいの科白といい、まことに恰好よく描かれている。おなじ彰義隊崩れを描きながら、風太郎の描くそれは長谷川伸や坂口安吾のそれと違って、爽やかでポジティヴなのである。

そうなった理由は彼の戦中日記を読めば明らかである。『戦中派虫けら日記』と『戦中派不戦日記』、さらには『戦中派焼け跡日記』『戦中派闇市日記』を読めば、生まれついての懐疑派であり、戦争中の様ざまな事象を皮肉な眼で眺めていたにもかかわらず、戦争の大義を信じて国難に赴こうとする青年の純粋な姿に、彼が深く心をうたれていたこと、さらに、敗戦を機にやすやすと軍部批判、民主主義謳歌へ転向する連中に深い憎悪を抱いていたことがわかる。むろん、戦争の大義なるものへの信念は時が経るにつれ変らざるをえない。しかし、国難に殉じょうとする青年たちの悲しい美しさ、しかも晴々とした明るさは、彼がこの眼で見たことである。彼らの死を無駄で無意味なものとみなすことだけは彼にはできなかった。戦争が無意味かつ不正で、彼らが死ぬことによってもたらされた平和と繁栄が絶対だとするなら、この世に擁護すべきものはない。風太郎の全作品はいわゆる真善美の世界を転倒する邪悪な眼で貫ぬかれているにもかかわらず、崇高な真善美への憧れがつねに悲鳴のように伴っている。朗々たる彰義隊崩れの造型は、そのような風太郎の隠れた思念のほとばしりだった。

以上三人の彰義隊崩れの物語は、歴史は勝者だけが創るのではない、敗者もまた、闇の中から歴史の形成に参与するのだと語っている。おのれを律するものをすべて失い、悪の道にひたすら落ちてゆく志田明さえ、ひとつの社会の転形をうながすささやかな働き手だったのだといいえぬだろうか。そう考えるしか、歴史のはざまに生きる無名の人びとの生を救済する途はあるまい。

先に、安吾も伸も、敗戦直後の特攻崩れを思い浮かべつつ、それぞれの作品を書いただろうと述べたが、伸のいうアプレ・ゲールの犯罪を描いた名作に、大下宇陀《うだ》児《る》の『虚像』がある。創元推理文庫の『日本探偵小説全集』は便利な本だが、その第三巻の解説によれば、江戸川乱歩・大下宇陀児・木々高太郎を戦前推理小説界の御三家というのだそうだ。私は日本の探偵小説にはあまり縁がなくて、大下宇陀児はこの集ではじめて読んだ。大変うまい作家で、推理小説というより世話物の名手という気がした。

『虚像』は昭和三〇年に発表された。「もはや戦後ではない」とされた年の前年である。主人公の大谷千春は敗戦の翌年に中学にはいったとされているから、昭和八年の生まれだろう（ただし新制中学の発足は昭和二三年なので、千春が二一年に中学へはいったはずはない。はいったとすれば女学校でなければならず、作者の錯誤である）。母親は戦争中に死に、父は海軍兵学校で俊才と称されたが、持ち前の喧嘩早さが災いしてあまり出世もせず、それでも敗戦の年には海軍省に出仕する中佐だった。

千春は活発で頭のいい子だったものの、出しゃばりで先生や同級生から嫌われた。女性によく見受ける例の勝気という奴である。中学三年のときにアメリカの女性教育家が視察に来て、英語教師たちは尻ごみして誰も応待しない。そこで千春が案内役を買って出てえらく気に入られた。「英語が上手で、可愛くて、ベリ、ベリ、ワンダフル・ガールだ」というわけだ。あとで教師が「気まりが悪いとか恥ずかしがるとか、そういう感情が全然ない。何かあると、すぐまっさきに飛びだしてくる。思ったことは、ズバズバいう。誰にも遠慮しない。だから、クラスじゃ憎まれ」ると千春を批評し、漏れ聞いた彼女は口惜しくてからだが慄えた。

米国では尊重される資質が日本では嫌われる。しかし、敗戦後の昭和二三年であったればこそ、少女千春は憎まれつつもそのように振舞うことができた。千春は戦後の「解放」の気分の中で、つねに勝者であり続ける。

父親は昭和二二年に高利貸を始めるといって、知人から資金を借り集めたところで、深夜防空壕から侵入した強盗に殺された。集めた七四万円余は強盗が持ち去った。孤児になった千春を引き取ってくれたのは、父の親友だった橋本の「小父さま」である。M大の教授をしていたが、敗戦後は辞職して古本屋を始めた。橋本家は千春をわが子のように遇してくれた。だが、彼女には感謝の気持ちもなかったし、かえって恩恵を受けることへの反発のほうが強かった。ふたつ上のひとり娘、まつげの長い美人のみどりの優しさも鼻についた。千春が進学した高校では、みどりが生徒会長をしていた。その生徒会で、千春はみどりの議事進行が非民主的だと主張して、みどりに恥をかかせた。要するに反抗心の塊りだったのだ。橋本家はやがて古本屋を貸本屋に切り換えて成功した。

小父さまの教え子の田代という青年が、高校生になった千春の前に現われた。終戦直前の冬、彼女の家に防空壕を作っている最中に、橋本の小父さまが連れて来た三人のM大生の一人である。その時三人の学生は特攻隊員になる覚悟をしていたのだが、千春の父から「そんなことやめとけ。若い者が生き残らねば日本はどうなる」とさとされて、特攻志願をとりやめたという経緯があった。再会した田代は映画館を経営しているとのことで、さっそうたる青年実業家に変身していた。

田代はみどりと婚約した。みどりから田代をとってやろうという気が起こったのは、千春がもともと田代にひかれていたからだが、ちょうどその頃、あの夜の強盗が橋本の小父さまではなかったかという疑いが彼女の心に生じたためである。復讐という名分ができた。千春は色じかけで田代を落し、橋本家をとび出して同棲する。しかし、田代は実は危険な男になっていた。青年実業家は見せかけで、麻薬取引きに手を出す正真正銘のアプレ・ゲールだったのである。やがてヤクザともめて殺されるが、実はこの男が父を殺した強盗だったことが明らかになる。

よくできた筋立てであり、練れた語り口ではあるが、むろんこの小説は通俗を免れない。しかし、通俗なりに戦後の「解放」なるもののあっけらかんとした空虚感を、これほど巧みに描き出した小説は少ないのではあるまいか。いったい、お利口さんで自己主張の明確な、戦後の民主主義と個人主義のヒロインたる千春は、せいぜい自我を発揮した挙句何をつかんだのか。何もない。一切が空無だった。しかし、それよりも興味のあるのは田代である。

田代は千春にも優しかったし、悪党らしいところはどこにもない。ただ、幕末の志田明のように、戦時中の聖戦理念の崩壊によって心のタガがはずれた。特攻志願の空しさを説いてくれた恩人を金のために殺害するほどに、善悪の基準を喪失した。だが、そのために志田明のような冷血な殺人者の道を歩んだのではない。愛人とともにプロ野球に興じる、明朗で恰好のよい事業家として再生したのだ。映画館の経営というのも、作者がそこまで見こんでの設定かどうか知れぬが、心憎い。その映画館には、第二次大戦中作られたアメリカのデモクラシー宣伝映画、あるいは戦後日本の民主主義謳歌映画がかかっていたのに違いない。だが、解放された自己本位のしあわせを律する基準はないのだから、やがて苦しまぎれに麻薬取引きに手を出す。それも向こう見ずな素人商売だから、本職の悪党たるヤクザに消されねばならなかったのだ。

何だか、いとしい田代と千春という思いを抑え切れぬ。利口そうで馬鹿なのは確かだ。だが、何とかしてしあわせになりたかった青春の姿が、いささかの腐臭とともに匂い立ってくる。戦後の自由とは、大日本帝国の瓦解によって生じた巨大な虚無のただなかに出現した、輝かしい白昼夢だった。その白昼夢から醒めて自由と解放の意味をわが身で検証するには、どれだけの悲喜劇を必要としたことか。田代と千春の愚かな道行も、敗戦革命の意味を明らかにしてゆく長い道程の一齣にすぎなかった。しかも、その検証の道程は二〇一〇年現在、まだ終ってはいないのである。

ひとつの信念体系、ひとつの世界秩序の崩壊といえば、二〇世紀末の社会主義社会の自壊を想い起こさぬわけにはいかない。しかしこの崩壊はしょせん、日本人にとってはひとごとであった。日本人にとって、共産主義という信念体系の解体は、すでに経験されたドラマだったのである。一九五五年の日本共産党六全協における山村工作隊路線の放棄、五六年のスターリン批判とハンガリー動乱によって、挫折という言葉がひとときはやった。私自身その頃『挫折について』という幼い一文を書いたことがあったのは、使い捨てられる駒の立場から、将棋の指し手をもって任じる連中へのいきどおりを抑えられなかったからである。

しかし、六全協による思想的挫折は一篇のすぐれた文学も生まなかった。その理由は、一片の批判的理性さえあれば信じ得るはずのないテーゼと指導に盲従した自分自身が、いくら何でも阿呆らしかったからである。さらにまた、スターリニズムはアウトでも、マルクス主義はまだ新たな革命原理として再生しうるという根拠のない盲信が、まだしばらくは生き残っていたからである。さらに決定的なことには、そこには勝者も敗者もいやしなかったからである。共産党に残って宮本顕治体制のもと官僚化し企業化した大組織を作りあげた連中が、勝者でありえなかったのと同様に、共産党から離れたからといって、敗者として葬られたわけではなかった。いずれにせよ、小さい知識社会のそれもその一部分の出来事にすぎなかった。

大きな社会変動は、その変動によって、社会の上層あるいは表面に躍り出る者たちと、社会の下層あるいは裏面に蹴り落される者とを生み出す。勝者の歴史に対して敗者の歴史が書かれねばならぬ理由である。だが、敗者の歴史に注目したからといって、私たちはその社会変動の全体を叙述したことになるのだろうか。長谷川伸の『足尾九兵衛の懺悔』という小説はこの点で私たちに重大なことを教えてくれる。この名作は敗戦の直後、昭和二一年から二二年にかけて書かれた。内容はほとんど実話と考えてよい。
この小説の主人公は京都の古い商家に生まれたのだが、家は父親の代に没落し、幼いときに一家離散した上、丁稚奉公に出て独力で生きてゆかねばならなかった。負けん気の強い彼は結局博徒の親分にのし上がってゆくのだけれど、ときは幕末で、世相も含めてその軌跡のおもしろさたるや、いわゆる維新史の裏の実態に接する思いがする。私がやはりそうだったのかと嘆声を挙げるのは、次のところだ。

「その年は安政六年で、横浜というところが世界に向けて開港場になると聞いたが、わたし等は、はァさよかと聞流しです。開港場が何やら、何でそうなるのやら、気にとめんといます。……一廉《かど》の男や一廉の男やいうて強がったりえらがったりしていたものの、葭《よし》のずいから天井のぞくで、自分達に日本という国があって、ようなって行くらしいのやら悪うなっているのやら、皆目知らんのです」。

「その年の四月ごろ、伏見の寺田屋で薩州さん方が斬合いをやったと聞いた。後の寺田屋騒動というて有名ですが、そのときは、さほどに思いませなんだ。尤もわたし等とくると、前の年の節句の日、井伊掃部頭が桜田門で雪の中でやられたと聞いても、今年の正月にこれも江戸の坂下門で老中の安藤対馬守がやられたと聞いても、ちょッとも騒がぬ手合いです。わが国がどうなるか、心をつこうたことがない」。

慶応元年から三年の間「さまざまなことがある間に、あちらこちらで暗殺がある、斬りあいがある、けさも往来に血溜りができていた、橋の上に血のついた草履があった、鴨川の河原に刀の鞘が三本も棄ててあった、こんな話が三日にあげずでした。そうした世にいてわたしどもは、指の先を綺麗にして、口の贅沢をどうやらさせて、賽の目を争いこそすれ、佐幕と勤皇の啀《いが》みあいのどっちがいいやら知ろうともせず、異人さんが日本へ渡ってきていると聞いても、珍しいと思うだけで何という気も起らず、相変らず仲間同士で顔が立つ立たないと、それだけを大切がっていました」。

何という爽快さであろうか。国民の自覚がこの程度では国の行先きが思いやられるとか、民衆がこんなに愚かだから悪しき専制がはびこるのだとか、福沢諭吉みたいなことを言うのは、それはそうかもしれないがひとまず抑えてほしい。足尾九兵衛自身、自分の逸民ぶりを「懺悔」しているわけだが、角度をちょっと変えると、これは案外九兵衛の自慢なのかもしれないのだ。あたしどもは天下国家の問題とは何の関わりもなく生きて来たし、これからも生きてみせますよという、一寸の虫の気概とも思える。九兵衛の「懺悔」は、そびえたつ政治や文化の構築物に対する基層の民の自立性を示すものだ。

帝力吾においてか何かあらんやというと、すぐアジア的とか東洋的とかという規定が頭に浮かぶが、天下国家のレベルと関わりなく自立した生活圏に生きているのは、ヨーロッパの場合だって変りのない基層的民衆の本質なのである。

そのような愚民だからこそ、戦争・圧制・貧困等々の災いからのがれられぬのだと言うものがあれば、総力戦とジェノサイドの二〇世紀はまたデモクラシーの時代であり、また蜂起する大衆の時代だったことを思い出してもらわねばならぬ。大衆が天下国家を熱烈に論じ、それぞれ一丁前の政治的論客にならねばならぬような時代は、かの紅衛兵の時代を見よ、けっして正常でもなく幸福でもない。また大衆自体がおのれの運命の主人公になれた時代でもない。

あらゆる歴史的大変動の底には、それによってけっして左右されない無告の大衆が存在する。歴史叙述が変動の表舞台で活躍する人物たちの軌跡のみを追うものであってはならぬのは当然だが、かと言って敗者や挫折者に光を当てればトータルな歴史が浮上するものでもない。歴史の底には歴史的事件に左右されぬ、それを超えた厖大な生が実在する。そのような生をイメージできてこそ、歴史叙述の新しいスタイルも見えてくるのではあるまいか。

第三章　旅順の城は落ちずとも

——『坂の上の雲』と日露戦争

これは以前にも一度書いたことだが、私は司馬遼太郎のよい読者ではない。『燃えよ剣』や『峠』などは感心して読んだが、ある時期からだめになった。読んでいて、与太ばかりとばしてと感じて、しらけてしまう。ひどい場合は退屈する。とにかく小説と銘打ちながら、講釈につぐ講釈で、その中身もとても本気でつきあえる代物ではない。その転機になったのが、『情況』誌が今回特集を組む『坂の上の雲』だったように思う。

何言ってるんだ、と言いたくなるところに数ページ置きに出会うようになれば、読むのが苦痛になる。一例をあげよう。「明治初年の日本ほど小さな国はなかったであろう。産業といえば農業しかなく、人材といえば三百年の読書階級であった旧士族しかなかった」。不思議な文章、奇天裂な認識というほかはない。「明治初年の日本ほど小さな国はなかった」というのは、世界史を通じてそうだというのか、あるいは明治初年当時の世界を見渡してそうだというのか。いずれにせよ、お話にもならぬ与太である。ポルトガルやオランダが日本よりずっと小さな国であるのは小学生でも知っているのだから、私が司馬の正気を疑うのは当然だろう。

あるいはこの「国」というのは国勢の意味なのだろうか。だとすると次の文章につながるわけだが、「産業といえば農業しかなく」とは司馬は本当に信じてそう書いたのか。幕末日本を訪れたヨーロッパ人は、当時の日本に展開していた市場経済のゆたかさに瞠目し、商品の廉価・品質のよさからして、欧州産品はとてもはいりこめないと感じた。オールコックは機械動力以前の最高の段階と評している。蝦夷地での漁業はゴローヴニンが感嘆したほど大規模であり、それがもたらす鰊粕は関西の綿作の肥料となった。木綿機業はマニファクチュアの段階に達し、絹糸・絹織物は幕末開国後の貿易収支を支えた。銅山についていえば、江戸期の日本は世界有数の銅産出国で、長崎オランダ商館から輸出される日本銅はヨーロッパの銅価格に影響を与えた。以上は司馬が『坂の上の雲』を執筆した時点における常識である。

人材は旧武士階級しかなかったというのも正しくない。民間の儒学者・蘭学者は一八世紀から輩出していたし、農民も庄屋層には学問・武術がよく浸透していた。でなければ一八世紀から一九世紀の交、北方問題のエクスパートたる最上徳内と間宮林蔵がともに農民の出自であるはずがなかったし、渋沢栄一という明治資本主義の建設者が関東豪農の出自たるはずもなかった。要するに司馬の言い草は一から十まで事実に反する与太話なのである。

もう一例だけあげよう。「戊辰から明治初年にかけて活躍する軍隊は、諸藩のいわば私軍であり、京都から東京に移った新政権は直属軍をもたなかった」というのも不思議な言い草だ。新政権とは薩長を中心とする反幕連合であり、戊辰戦争を戦った薩長などの藩兵は「私軍」ではなく新政権直属の軍隊であった。むろんそれは各藩の利害を反映する藩兵であったが、そのことは各藩藩兵が新政権の統一指揮下にあった事実を打ち消すものではない。

しかし、ここまではまだよい。続けて「軍隊をもたぬ革命政権というのは、それ以前もその後もないといっていいであろう」というにいたっては挨拶に窮する。維新政権が維新派諸藩兵をもって戊辰戦争を戦った事実をふまえて「軍隊をもたぬ革命政権」というのだからおそれいる。そんなことをいうなら、ロシア革命において、革命政権の有した兵力がボリシェヴィキ派、メンシェヴィキ派、エスエル派等々の「私軍」だったことをどう考えればよいのか。またメキシコ革命において、革命政府がオブレゴン、カランサなどの反乱軍、パンチョ・ヴィリャ、サパタらの農民軍、司馬流にいえば「私軍」連合によって支えられていた事実をどうしてくれるのか。司馬のいうことは歴史的無知にもとづくナンセンスとしかいいようがあるまい。

要するに、ここにいるのは張扇をもって机を搏ちつつ声を張り上げる講釈師なのである。誇張は客寄せの技術であるから、聴衆はいちいち目くじらを立てては聴かない。何かといえば、史上初めてと書きたがる司馬の筆癖も、講釈師の月並みな習性と思えば、咎め立てするのも気がひけるぐらいのものだろう。しかし世に称して司馬史観という。一世を風靡する史観のもちぬしとされる以上、彼の言説は吟味を免れぬはずである。

以上は司馬の「小説」、特に『坂の上の雲』以降のそれには、いちいち喉にひっかかるような講釈の小骨が頻出して、少なくとも私という読者はその不快感を克服せずには読めない事情を述べたまでである。『坂の上の雲』という「小説」を全体的に見ると、一番よろしいのは秋山兄弟ならびに正岡子規の生い立ちと青春を叙した部分である。明治人の野放図な大きさと明るさと健康さが活写されていて、挿話の扱いもよろしく、司馬の才能が十分に発揮されている。ケーベルは明治初期の日本人の特性としてナイーヴな野性を挙げ、それが次第に喪われてゆくのを嘆いたのだが、広瀬武夫も含めて司馬が描く明治初年の青年群像は、まさにケーベルのいうナイーヴな野性が満ちあふれており、読んでいてすがすがしい。

当時の日本人にはみな各人各様の奇癖があったようである。秋山兄弟の父親のそれは立小便だった。江戸時代は奇人を偏愛した時代で、その流儀が明治初期にはまだ遺存していたのだと思うが、こういった奇癖を通じて表われる人間の個性を抽出することにかけては、司馬には一流の腕前があった。

しかし、それは『坂の上の雲』の小説的部分の楽しさである。この作品は小説としてみれば異様な構造をもっていて、断片的な小説の部分を長大な歴史講釈でつないでゆくという、これまで誰も試みなかった（松本清張におなじ傾向があるが）作りになっている。たとえば、秋山好古が陸軍士官学校の入試に合格したのにその通知がなかったと書いて、その事情を西南戦争が起こってそれどころじゃなかったと一、二行説明すればよいところで、当時の薩摩の状態、さらには西南戦争そのものについて講釈が始まる。つまり秋山好古という人物の登場する小説から、好古をダシにした歴史談義に転換してしまう。作者は小説をこしらえたいのではなく、歴史談義をやりたいのだということがみえみえなのだ。

むろんトルストイも『戦争と平和』で歴史談義をやったし、元来小説というジャンルそのものが何をやってもさまになるような形式上のルースさを特徴としている。それにしても『坂の上の雲』は、小説的部分と歴史談義的部分の比重が逆転して、ほとんど小説の態をなしていない。小説でないならないでよい。しかし、司馬がこの長大な歴史談義で示そうとした認識はいかなるものであったか。

一言でいえば、明治のナショナリズムは健康だったということだろう。というのは司馬の認識によれば、明治の近代化・西洋化はほとんどゼロから始まった。この奇跡的な近代化の成功をもたらしたのが明治のナショナリズムである以上、明治のナショナリズムは合理的かつ進歩的で、排外主義やエスノセントリズムに陥らぬ健康さを保持していたということになる。

司馬が日本ほど小さい国はなかったなどという事実に合わぬ不思議なことをいい出すのは、実はこのゼロから始めた近代化ということを強烈に印象づけるためなのだ。日本には海軍などというものはなかった。その海軍が日露戦争では、バルチック艦隊の完全撃滅という海戦史上奇跡的な勝利をもたらすまでに成長した。その立役者が秋山真之である。日本には騎兵などというものはなかった。それを建設して世界最強のコサック騎兵と対抗したのが秋山好古である。正岡子規が出てくるのは彼が秋山兄弟の幼な友達だったからで、日露戦争を主題とするこの「小説」からすれば、戦前に死んだ子規は構図からはみ出してしまうのだが、因習的な短歌、俳句を近代文学の一ジャンルたらしめたという点では、おなじくゼロから始めた近代化の担い手の一人ということになるのだろう。

要するに司馬は、明治日本のゼロから始まった近代化が成功したのは、世界史上の奇跡にほかならぬといいたいのだ。さらに、明治人はゼロからはいあがろうとする自分たちの位置を正確に自覚していたので、国運を賭した戦争を遂行する際にも、敵国と自国の国力について醒めた認識をもち、合理的客観的な思考を保ったといいたいのだ。

このような彼の言説の蔭に、昭和の戦争世代である彼の心理的な傷痕がかくれていることは万人の看破するところだろう。彼は明治人は昭和人のような馬鹿な戦争の仕方はしなかったといいたいのである。日本がロシアに勝てたのは、近代化の達成においてロシアをすでに凌いでいたからだ。明治の軍部は昭和の軍部のような精神主義の阿呆ではなかった。そう物語ってみせることで、彼は敗戦によって自己喪失した日本人に自信を取り戻させると同時に、明治期の合理的な精神がどうして十五年戦争期の神がかり的精神に退化したのか、現代日本人に反省をつきつけようとしたのだということができる。

以上が『坂の上の雲』で司馬が語ろうとした歴史の構図だとすれば、そこには司馬の創見はほとんど皆無であることにわれわれは気づく。近代化についての無邪気な肯定、日本が欧米世界以外で唯一近代化に成功したことの強調、昭和期の政治・軍事指導についての全否定、どれをとっても彼の創見と称すべきものはない。彼はただ、敗戦の打撃からすっかり回復し、経済大国として国際社会に擡頭しつつあった当時の日本人の気持ちを認証しただけだろう。十五年戦争は反省しなければならぬが、明治の近代化の成功は誇りにしてよろしいのだと。

私は司馬史観なるものの構図に、いくつかの点で疑念・異見をもつ。ゼロからの近代化というのがまず問題で、明治の近代化の成功は徳川期の遺産によるところが大きい。司馬は徳川期の日本を停滞した圧制的な社会とみなし、また経済的に貧しい後進国とみなす点で、明治以来の近代主義史観を一歩も出ていない。また、昭和期の国家指導についても、神がかりの夜郎自大と単純化するのは俗見にすぎぬと思う。さらに根本的には、司馬に近代化を相対化する視点がまったく欠けていることにあきたらぬ思いを抑えがたい。

だが、『坂の上の雲』を再読して私が痛切に思うのは、日本人は日露戦争をどうしても戦わねばならなかったのか、私がその時の日本人だったらこの戦いで死を覚悟せねばならなかったのか、という一点である。以下、漫然と感想を書きつけてみたい。

明白なのは、一九〇〇年当時の人類は国民国家という生存形態からはずれて生きることはできなかったということだ。もちろん、国家の枠からはずれて仙人のように生きることはできた。コスモポリタンという言葉もあれば、アナキストという類型もあるくらいである。しかしそれは個人のことで、集団としての人間はちょうどヤドカリが殻なしには生きられぬように、近代国民国家という殻を借りずには生存できない段階に到達していた。

そしてこの近代国民国家なるものは、徳川期日本もそのひとつである近世国家とは重大な一点で決定的に相違していた。すなわち、近世国家においては統治者以外の国民はおのれの生活圏で一生を終えて、国家的大事にかかわる必要がなく、不本意にもかかわらねばならぬときは天災のごとくやりすごすことができたのに対して、近代国民国家においては国民は国家的大事にすべて有責として自覚的にかかわることが求められた。

幕末の日本人大衆は、馬関戦争では外国軍隊の弾丸運びに協力して、それが売国の所業だなどとはまったく考えていなかった。戊辰戦争で会津藩が官軍に攻められたとき、会津の百姓は官軍に傭われて平気の平左だった。天下国家は統治者階級の問題で、彼らの関知するところではなかったのだ。明治になって彼らの国民的自覚は多少改善されたかも知れないが、彼らが依然として国際情勢などには無関心だったのは、明治一七年に出版されたある書物で次のような慨嘆が洩らされていることでも明らかである。

「わが三千七百万の同胞兄弟は、やれ徴兵煙草税と、内々苦情を鳴らす頑固親父殿は少なからぬも、外国との関係はどうなっているか、白川夜船の高いびき……これこそ無気力の奴隷根性、……ああ、かようなる腰抜人足は、たとい日本が赤髭の属国になっても、同じくヘイヘイ、ハイハイと頭を下げるに相違なく」云々。

当時の識者たちは福沢諭吉以下みな、国民の知識が低く愚かなことに痛切な憂慮を抱いていた。なぜ憂慮すべきかというと、国民が自覚して国政に参与し対外関係を自覚しないとすれば、インターステイトシステムの中におかれた日本国家の将来は甚だ危いからである。インターステイトシステムとは、国際社会が国民国家《ネイションステイト》間のかけひきのシステムとして現象することをいう。万国対峙といっても、帝国主義といっても同じことである。一九〇〇年前後には、国家というものは他国との戦争を含むかけひきを勝ち抜くことなしには生存できぬという感覚が、疑うべからざるものとして共同認識化されていた。だとすれば、勝ち抜くための最低要件は国民全体が国家目的に献身することである。日清・日露の役はいずれも、朝鮮半島が日本以外の強国によって支配されることを排除しようとして起こった。朝鮮半島が清帝国あるいはロシア帝国によって支配されるのは、果して日本を絶体絶命の危機に陥れるものであるのか。日露開戦の前、日本の指導者は政府民間を問わず、必ずしもロシアとの開戦を望んではいなかった。日本海軍の建設者山本権兵衛は朝鮮など放棄してもよいと主張したといわれる。

なるほど、たとえ朝鮮がロシアの属領化し、日本がロシアと対馬海峡をへだてて対峙するようになったとしても、それですぐにロシアが日本を攻め取りに来るというわけでもない。朝鮮半島は地形上日本の脇腹につきつけられた刃だというのは、比喩の悪用にすぎない。そんなことをいうなら、樺太は日本の頭上に吊られた短剣ということになり、千島と交換してロシアのものと認めた樺太をいまさら心配しなければならぬことになる。

だが、日本は結局ロシアと開戦した。当時のインターステイトシステムの思想枠から導き出された選択であって、それが優れた選択であったか、それ以外に別な選択がなかったかは、いま私が論じようとは望まぬ問題である。反戦論は開戦後も行われた。その是非についても私の関心するところではない。私の関心はあくまで、国家の運命に無関心な無知の民と嘆かれた当時の国民が、この戦争にどう対処したかということにある。

石光真清はその記録の中で、激戦の翌日戦場に斃れ伏した日本兵の姿を見て、同僚の将校が「このたびの勝ち戦さは天皇陛下の御稜威《みいつ》によるというものの、実は兵士たちの命を棄てた勇戦によるのだ」と述懐したと書いている。馬関戦争で外国軍の弾運びをしたわが庶民たちは、ついに祖国のために一命を賭する国民的自覚に達した。

清国留学生の秋瑾《しゅうきん》は横浜での出征兵士見送りの情景に深い印象を受け次のように書いた。「日本人はかように心をあわせ、軍人をこんなに貴んでいます。だから彼は戦に生命を投げうたずにいられましょうか。だから、みな死を恐れぬ心をもつようになり、自分たちがもし勝てなかったら、国に帰って人々にあわせる顔がないと思っています。人々がみなこのような考えをもっているので、戦のたびに生命を投げうち、砲火をさけず、前が死ねば後がさらにすすんでいくのです。今日ロシアという大国が小さな三つの島国の日本にこのように敗れたのも、大部分はこのためです」。

彼女はそれに反して兵士が奴隷のように蔑視されている清の現状にふれ、「中国では現在、これらの兵士は何の教育もうけていないからこうなるのです。我々中国人が教育をうけていないことによる損害は、千言万語を尽くしても語りきれません」と述べる。彼女の結論は教育によって国民の自覚を促そうとする諭吉と一致した。彼女が武田泰淳の小説『秋風秋雨人を愁殺す』の主人公であり、一九〇七年故郷の紹興で蜂起を計画して処刑された女性革命家であることは周知の事実だろう。

だが、その義勇公に奉ずる勇敢な日本兵も、望んで戦場に屍をさらしたわけではなかった。彼らをやむをえぬ義務に駆り立てたのは、国民の自覚である以前に共同体への忠誠のゆえではなかったか。彼らは何百年というあいだ、村共同体への忠誠義務をほとんど肉体化していた。この伝統は一五、六世紀の惣村の成立に始まる。

戦国の世、惣村は自衛せねばならなかった。惣村はミニ国家といってよろしく、水争いなどで隣村としばしば合戦を催した。その際村民は必ず戦闘に参加せねばならず、もし逃避すると罰され、戦死すると遺族は村によって扶養された。このミニ国家ともいうべき村への忠誠義務は徳川期も健在で、村は上級権力に罪人を差し出す場合のために日頃非人を養っており、罪を負って処刑された非人の遺族は正式の村民と認められ、永代にわたり村から扶養された。このような村全体の存続のために成員が自己を犠牲とする心性こそ、明治新国家における国民の忠誠義務、一旦緩急あれば義勇公に奉ずる献身の義務を国民一人ひとりに叩きこむ土台になったと考えて誤りはあるまい。

村を国家の次元に拡大すれば、お国のために死ぬことが納得できる。だが、村と国家との間には絶対的な違いがある。戦国期の村はいささかミニ国家の風があったが、それでも村の生活は上部権力の興亡とは次元を異にする日常の明け暮れだった。日常とは自然との交渉であり、隣人・家族との関係であり、インターステイトシステムにおける国家の利害とは本質的に無縁な生のありかたである。村のために死んでくれといわれる覚悟はしているが、それすら自分たちの日常を守るためであって、国家の統治はもちろんのこと、ましてや国家間の外交など自分たちには何の関係もない領域である。

明治以降の知識人は、いや徳川期の識者ですら、こういう日常の生活圏内に自足する熊さん八さん、太郎兵衛次郎兵衛を無学な愚民とみなしたが、実はこういう庶民の日常に自足したありかたこそ、人間という生物のもっとも基本的な存在形態なのである。村のために死んでくれといわれるのはわかるが（グスコーブドリも火山口にとびこんだではないか）、お国のために死んでくれという要請に無理があるのは、それがインターステイトシステムという二次的構築物から出てくる要請だからである。本当をいうなら、村自体も人間の生の基本的ありかたからすれば二次的構築物の一種にすぎない。しかし二次的構築物なしには、自然と仲間との交渉のうちに一生が終る基本的生のありかたが保障されないというのが、人間という存在の根本的な矛盾なのだ。

だから、日露の役において日本兵がいかに敢闘したからといって、彼らは死にたくて死んだのではない。彼らは生きて郷国《くに》へ帰りたかった。私が『坂の上の雲』でもっとも強い印象を受けたのは、奉天会戦における第一師団の潰走である。

乃木第三軍はロシア軍の右翼を包囲すべく北上したが、連日の戦闘で兵は疲労している上に兵力は薄く、優勢なロシア軍の反撃を受けて第一師団は潰走した。それまで日本陸軍史になかった大潰走といわれる。潰走は後備歩兵第一五旅団から始まったらしい。これは平均年齢四五歳の老兵部隊で、彼らが逃げ始めると、おなじく老兵の後備歩兵第一旅団も誘われたように逃走し、現役兵からなる歩兵第二旅団まで浮足立って逃げた。谷寿夫『機密日露戦史』はこの件について、「第一師団左翼に在りて敵の退路に肉迫せる後備歩兵第一旅団の如きはその左側背よりクロパトキン総予備の逆襲に遭遇し、全滅潰乱するに到り、危険云うべくも非ず」と述べるにとどまるが、その大潰走の有様は一参謀将校によれば次のごとくであった。

「敗兵のほとんど全部は銃を捨て、剣もなく、ある者は背嚢《はいのう》も帽子も持っていない。甚だしいのになると脚絆《きやはん》も靴もなく、まったくはだしの者もあった。……予は狂奔し、大声疾呼して退却部隊に停止を命じたが、一人としてこれに応じる者はない。はからずも歩兵第三連隊の一特務曹長が予のそばをいそいで退却してゆくのを見た。早速呼びとめて退却の制止と隊伍の整頓に助力を要求したけれども、彼は頭部の負傷を口実にして応じない。試みに頭部の繃帯《ほうたい》をといてみると、軽微な擦過傷《かすりきず》であった。予は憤然として右手にもっていた軍刀の背部でかれの肩甲骨に一撃をあたえて、いやしくも幹部たるものがこのありさまは何だ、と一喝すると、やっと正気にかえったもののごとく、彼は重々その罪を謝して敗兵の収容に尽力した」。

このような潰走をわれわれが見苦しい情けないと感じるのは、必ずしも国家意識に毒されているからではない。尽すべき公共への義務というものはあり、災害であれ戦闘であれ、パニックの際毅然沈着たることは市民の美徳である。にもかかわらず、武器を捨てて遁走するこれらの兵士たちを咎めたり非難したりできる道理はこの世には存在しない。なぜなら、異国の兵と殺しあう戦場の修羅場は、彼らの本来の生活圏を律する倫理とはあまりに隔絶した異次元の世界だからである。なぜここで命を棄てねばならぬのかという疑問の前には、教育によって叩きこまれた国家意識は脆くも崩れ落ちるほかなかった。

しかしまた、彼らはよく戦って戦場に屍をさらした。機関銃の掃射の前に屍の山を築きながら、なおも命じられるままに、ペトンで固めた要塞に何度でも突撃する旅順包囲戦の物語は、まさに個人の命を惜しむ現代日本人にとって驚異というほかはない。なぜそんなことが可能だったのかと問うなら、善悪正誤はともかく、かつて無知蒙昧と同胞の識者からそしられた日本民衆は、自分の一生が新しく生まれた国民国家の命運と一蓮托生であることをなんとか納得するに至ったに違いないと答えるしかあるまい。

北一輝は戦場から帰還する兵士に、君たちの仲間が骨を満州の野にさらしている間に、首相の桂太郎はお鯉なる醜業婦と浮名を流し、ブルジョワどもは肥え太ったのだぞ、君たちの戦友はそんな連中のために命を棄てたのか、そんなはずはあるまい、君たちが戦場で奮闘したのは社会主義帝国たる新日本を建設する革命兵としてではなかったかと、一世一代の煽動を行なった。この煽動は帰還兵士の胸にとどいただろうか。

舌端火を吐く煽動は空しく地に堕ちた。兵士たちは戦友たちが狎妓お鯉と戯れる桂太郎や、罐詰に石を混ぜてもうけたと噂された大倉某のために命を棄てたのではないことをよく知っていた。それなら誰のためか。親兄弟をはじめ、隣人朋友等々、自分が愛し責任を有する人びとのためであると彼らが考えていたのは疑いを容れない。なぜなら、時代はくだるけれども、日米戦争時特攻に散っていった青年たちはみなそう考えていたからである。彼らは村里・町内の平和・安全・幸福は自分の属する国民国家の盛衰と結びついていると実感していた。與謝野晶子は戦場にある弟に死ぬなと呼びかけ、「旅順の城はほろぶとも、ほろびずとても、何事ぞ」と唱った。なるほどその通りかも知れぬが、旅順が陥るかどうかを、自分とそれをとりまく愛する人びとの運命とリンクさせて考えざるを得なかったのは、当時の日本人の偽らざる実感だったのである。

この実感はなるほど一面では欺瞞であろう。その欺瞞からわれわれは蟬蛻してしかるべきだろう。だが、自分の日常の生活圏を国民国家という構築物から一刀のもとに切り離すのは、世界平和、ボーダレス社会が云々される今日ですら決して容易ではない。なぜなら、われわれの日常と直結する経済の現況は、円の国際的地位も含めて、自分の属する国民国家のインターステイトシステム中での地位とリンクしているからである。

私が『坂の上の雲』の中で、これはいいと思う挿話がひとつある。バルチック艦隊が対馬海峡へ向うかそれとも津軽海峡へ向うかは、連合艦隊にとって大問題だった。とらえそこなってウラジヴォストークに入港されては事だからである。小舟で那覇と宮古島の間の交易に従事している男が、四〇隻あまりの艦隊を発見して、宮古島の役所へ届け出た。宮古島には電信がない。電信を備える石垣島まで舟を出そうということになる。役人からいいつけられた五人の漁夫がサバニと呼ばれるくり舟を出した。石垣島へは一七〇キロある。彼らはその間を一五時間かけて力漕した。石垣島の北端に着いたが、八重山海底電信所のある集落までは三〇キロある。その三〇キロを彼らは走り抜いた。「敵艦見ユ」との電報が東京へ飛んだ。

司馬も書いているように、この話でおもしろいのは、彼らが自分たちのやったことを世間にはもちろん、妻にも語らなかったことだ。妻は夫がなんで舟で出かけるのかわからず、「彼等《かいた》ア、死《すぬ》に行った」と泣き続けたとのことだ。自分たちのやったことを国家機密と思ったのか、他人に語らなかったので、世間がこういうことがあったと知ったのは大正年間になってからだった。表彰も受けなかったし、彼ら自身が表彰に値することをしたなど全然考えていなかった。八重山から電報が東京に着いたのはすでに日本海海戦がすんだあとだったのも、彼らの行為が表に出なかった理由のひとつらしい。

宮古島の漁夫たちの石垣島行は彼らの人生のうちでも記憶に値する冒険だったろう。

しかし、その意義づけは彼らにとってまったく個人的なもので、彼らはそれを国家的意義をもつ行為とか、国民的義務の遂行というふうに考えた形跡はない。自分たちが日本国民である以上、日露戦争は自分たちにとっても勝たねばならぬ戦さであるといった考えは彼らにはなかった。第一、彼らが自分たちのことを日本国民と自覚していたかどうかも怪しい。

彼らはただお役人が命じたことを力一杯やりとげただけで、彼らにとって日露戦争とは、湖底の石のかげに棲むゲンゴロウにとっての、湖上を往き来する船の影のようなものにすぎなかった。司馬もいくらかそのことを感じて、作中にこの挿話をはさんだふしがある。

私がいいたいのは、この宮古の島人のような人びとこそ人間の本然の生活のありようを示すもので、そのことはわれわれがどのように文明化し組織化された生活を過していようと変らぬということである。しかし同時にいわねばならぬのは、もはや宮古島人のような生活の様相に復帰できぬわれわれは、国家なんて俺様には関係ねえよとうそぶいてはおれぬということである。われわれの本来の生活は国家と無縁であるべき個の位相にあるはずなのに、国家のうちに包摂されてそれと関係を持たざるをえない必然に責任を負うてゆかねばならない。この根本的な裂け目に架橋しつつ生きてゆかねばならぬのが、現代人たるわれわれの運命なのか。『坂の上の雲』がわれわれに問いかけているものがあるとすれば、ただこの一事だけではあるまいか。

第四章　「士族反乱」の夢

明治二年（一八六九）五月、箱館五稜郭の開城によって戊辰戦争は終わりを告げた。だが、それは維新革命の終わりではなく、はじまりを意味した。第一革命にあきたらず第二革命を求める動きが、ただちに始まった。明治七年（一八七四）から一〇年（一八七七）にかけて継起したいわゆる士族反乱は、このような維新第二革命の大きな文脈の中に位置づけてこそ、真の意味が明らかになるように思われる。

士族反乱はこれまで、不平士族の封建的特権回復の要求と、征韓派士族の対外膨張主義という、二つの面で理解されてきた。前者は戦前の定説、後者は戦後の新説で、両者とも、かなりイデオロギー的なとらえ方といっていい。

革命が一段落したのちに現われる第二革命の要求は、革命政府から反革命として弾圧される。これは歴史の通則である。革命のやり直し、ないしもう一つの革命の追求は、革命そのものへの反対とは違うはずであるのに、革命政府は、それに反革命のレッテルをはったほうが仕事がやりやすい。これと同じことが、明治維新の場合にも起こった。維新には、確かに反革命が存在した。島津久光のような人物は世の中を以前に引きもどすことを願っていたし、旧藩の家臣団の大多数は、時勢の変化についていけないでいた。彼らは、潜在的に反革命であった。

だが、明治二年以来、新政府の転覆を策して処刑された志士たちは、封建の昔へ復帰せよと主張したのではなかった。形を変えた武士支配の再建を求めたのでもなかった。そういう分子もあるにはあったが、主流ではなかった。彼らの多くは幕末の尊攘派であり、倒幕派であった。つまり旧体制を打ち倒して、新しい世の中をひらこうとした者たちであった。たまたま旧体制打倒後の権力づくり、国家づくりの方向、すなわち革命の方向に異論をもったために、維新のやり直しを求めたのである。

明治新政府はこれら第二維新派に、等し並みに不平士族のレッテルをはった。彼らは武士の特権を回復するために、反乱を起こしたのだと誣《し》いた。彼らが反乱を起こした時、一般士族層には反動的な不平がみなぎっており、そういう不平から反乱に便乗する者も多かったから、この宣伝は有効であった。学者もこれに追随した。明治政府の反人民的性格を日ごろ強調してやまぬ進歩派学者まで、この通説を容認したのは興味深い。

一方、戦後の征韓派反乱説は、アジア人民への犯罪の自覚という、まさに戦後的なイデオロギーの産物といっていい。日本帝国主義の原罪は征韓論にありというわけで、その良心性は結構だが、最近の研究では、征韓派の頭目とされる西郷隆盛に、征韓の意図があったこと自体疑われている。歴史の実証するところでは、征韓論のいいだしっぺは木戸孝允であり、その実行者は江華島事件の挑発者大久保利通であった。

そもそもをいうならば、士族反乱という用語にワナが含まれている。この用語はいかにも士族という階級が、その階級利害に基づいて起こした反乱という予断を与える。そういう反乱なら、確かに反動的でないはずがなかろう。

しかし幕末維新以来、士族は、自己の階級的利害を思想的に乗り越えうる存在であることを示してきた。でなければ、封建体制の打倒はありえなかった。「士族反乱」の主導勢力は、そういう士族的規定を乗り越えようとする思想者たちであった。彼らは、思想に導かれて旧体制を打倒し、同じく思想に導かれて新政府に反乱した。武士支配に恋々としているような士族層は、幕末維新においても、明治初年においても、反乱を主導する気概も思想ももたなかったのである。

「士族反乱」は日本の近代に反対した反乱ではなかった。その目標が正しかったか否かは別として、もう一つの近代を求めた反乱だった。

ここに一人の反乱者がいて、名を矢田宏という。別府の医者の息子だが、一九歳の時出奔し、長州の報国隊に加わってから、その半生は謀反の連続だった。豊前・豊後には、文久年間（一八六一～六四年）から神官・郷士など、いわゆる草莽層の倒幕計画が進んでいた。明治元年（一八六八）一月、彼らは宇佐神宮に近い御許山を占拠して、倒幕の旗を掲げたが、すぐさま偽《にせ》官軍として長州兵に討伐された。矢田は、この御許山義挙の一員だったのである。長州軍に参加して、長幕戦争、鳥羽・伏見の戦いで戦った自分が、偽官軍の汚名を着せられたというやるせない無念さ、それこそ彼の半生を彩る反乱へのスプリングボードだった。

明治三年（一八七〇）、長州奇兵隊の反乱に加わって逮捕、翌四年（一八七一）、広沢真臣参議暗殺の嫌疑で収監、明治一〇年（一八七七）には、せっかく英彦山で行いすましていたのに、下山して増田宋太郎の中津隊に参加、乱後二年半の懲役に処せられた。大正二年（一九一三）、遠い異郷の新潟で死んだ時、彼は七〇歳だった。最大の「士族反乱」西南戦争は、彼のような維新の草莽によっても戦われたのである。

その矢田を説いて中津隊に参加させたのは、大分県速見郡の博労後藤順平である。彼は明治三年一二月、直入・大分・速見の三郡で蜂起した大農民一揆の主謀者として、禁獄一〇年の判決を受け、出獄後、志を立てて代言人となり、やがて中津民権派の首領増田宋太郎と近づいて、明治一〇年、中津隊分隊長として出陣、城山で投降後、斬罪に処せられた。「士族反乱」は、後藤のような自覚ある農民によっても戦われたのである。

ふつう士族反乱とは、明治七年（一八七四）の佐賀の乱、明治九年（一八七六）の神風連・秋月・萩の乱、明治一〇年（一八七七）の西南戦争をいう。このうち佐賀の乱と西南戦争は、ともに征韓派前参議をいただく点に共通性があり、神風連・秋月・萩は、互いに連絡を取り合った一連の反乱である。ふつう前者は征韓色が濃く、後者は復古的要素が強いといわれているが、その代表例として西南戦争と神風連に焦点を絞り、通説とは異なるもう一つの「士族反乱」像を浮かび上がらせてみたい。

神風連はふつう、時代遅れの不平士族、それも、極端な神がかりの集団という印象がもたれている。「肥後の神風連とか申すものはまったく宗徒のごときものにて、実に心事は笑うべきとも憐れむべきとも申しがたき次第にて、真に神風なり」という木戸孝允の感想は、そういう見方が、事変直後から行われていたことを示している。

神風連のある者は、電線の下を通る時、洋夷《ようい》の汚れを避けるため、扇をかざしたと伝えられる。だが、それは一部の者だけのふるまいで、彼らの真面目をそういう頑迷な西洋ぎらいや、常軌を逸した神がかりなどの外形に求めるのは、やはり浅見といわねばならない。彼らは確かに時代遅れであり、神がかりであった。だが、その時代遅れなり神がかりなりは、けっして嘲弄を許さない、ある深い根拠に基づいていたのである。

彼らは明治九年一〇月二四日、一党二〇〇名で、二三〇〇の兵力を有する熊本鎮台を襲撃した。勝てる戦いであるはずがなかった。神意をうかがって挙兵したということから、神様の尻押しで必勝を信じていたのだと考える人が多いが、神意を問うたのは、彼らの信仰者としての決断の様式にすぎない。領袖太田黒伴雄は、この蜂起が必敗であることを固く信じていた。挙兵に当たって、彼は利害成敗を完全に度外視し、ただ、挙兵を一つの思想的形象として純化させようとした。彼は、同じ熊本の反政府士族と結ぼうとしなかったばかりでなく、彼らの援助すら謝絶した。

この蜂起が、なんであったかということは、二〇〇名のうち、戦死二八、自決八七という数字をみれば明らかである。死者五割を記録した反乱など、ほかにはない。佐賀の乱など、かなりの激戦であったのに、一万人の反徒のうち死者は一七三である。とくに、自決八七という数字は異様であって、この反乱が、一種の思想的集団自決であったことを物語っている。

であるなら、彼らはなにを憤って死に急いだのか。彼らは明治の世となって以来、多くのことに憤ってきたが、彼らを挙兵へ踏み切らせたのが、廃刀令であったことは、その本質を考えるうえで決定的に重要である。一般の士族にとって、廃刀令は武士たる者の自尊心を傷つけることではあっても、それを理由に蜂起せねばならぬような政治的争点ではなかった。必須の争点はほかにあって、それはあるいは秩禄処分、あるいは征韓論だった。神風連はなぜ、このような取るに足りぬ一条によって、それまでの忍耐をかなぐり捨てて暴発したのだろうか。

それは彼らにとって、刀剣が神と交通するための霊器だったからである。彼らは、帯剣を武士の特権などと考えてはいなかった。神国の民は百姓に至るまで日常帯剣するのが、古来の風儀だと信じていた。それは、彼らの国民皆兵の理想を示してもいたが、それ以上に彼らの信仰の根本を表していた。

彼らは明治八年（一八七五）、神前に誓書をささげて、「被髪脱刀等の醜態けっしていたすまじく」と誓っていた。つまり彼らにとって、尊攘の大義は重要であったが、結髪帯刀の風儀もそれにおとらずたいせつなのであった。彼らに対する理解の眼目はここにある。彼らは、外形の政治制度はまだ隠忍することができた。だが、風儀の一点は譲ることができなかった。なぜか。一国の風儀は、神と交通する様式であり、それが変改される時、神はこの国をみすてると感じられたからである。

彼らは攘夷主義者にはちがいなかったが、その攘夷の熱情の出どころは、ふつうの尊攘志士とはずいぶん異なっていた。彼らは洋夷とのたたかいを、神々の闘争と考えていた。開国とは異神の侵入を許すことであり、日本古来の信仰を固く保持することが、異神の跳梁を防ぐ唯一の方策だと信じた。

そもそも神風連というのは、世間が与えた戯称で、彼らの実の名は熊本敬神党という。彼らが、そういう特異な敬神主義を掲げた理由を知るためには、教祖林桜園にさかのぼらねばならない。

桜園は、本居宣長の学統を継ぐ国学者で、熊本城下に原道館を開いて、多くの子弟を教えた。儒学・仏典・軍学まで含む広大な学殖の持ち主であったが、本質はあくまで、神界と行き来する見神者たる点にあった。風貌からして異相の人で、彼と対座する者はみな一種の神気に打たれたという。

彼は幕末危機に対処するに当たって、朝廷に手入れするとか、藩政を改革するとかいう現実主義的行き方を否定し、ただ、攘夷国民戦争による日本人の精神的更生のみを求めた。彼は開国の必然を見通していたので、日本が国際社会へ乗りだしていくには、それに堪える精神のよみがえりが必要と考えたのである。弟子たちが尊攘志士として京都へ突出し、政治主義的対応にのめり込むのをみて、彼は神事専念という反政治主義的態度を明らかにした。高弟太田黒伴雄をはじめとする熊本敬神党は、このような師の行き方に従って、慶応年間（一八六五〜六八年）に形成されたのである。

明治三年（一八七〇）、七三歳で桜園が没したあと、彼らは太田黒を指導者として、熊本の士族社会に一つの党派として登場した。熊本士族の党派には、学校党と実学党があった。学校党は旧細川家臣団の主流派、というより地域別の「郷党」として組織されている旧家臣団そのもので、洋化反対・封建復帰を唱える反政府派であった。実学党は、横井小楠の党派で新政府支持派、学校党に次ぐ実力があった。

敬神党は、洋化主義者の実学党をむろん仇敵視していたが、学校党とも対立関係にあった。なぜか。敬神党は、肥後藩士最下層の軽輩の党派であり、上士の党、学校党からかねて抑圧されていたからである。敬神党はけっして、旧封建秩序の味方ではなかった。

一党の元気者福岡応彦は「自分がお侍にお辞儀する時は、心の中で踏みつけにしている」と語ったというし、太田黒はある青年に「お歴々衆を見ると、平素学問をし武技を習っているりっぱな方々のようだが、国体については朦朧として一向わきまえがない」と教えたという。

一方、学校党からすると、敬神党は、なにか精神のバランスを欠いた狂信者の集団にみえた。もちろん特有の信仰心が、奇矯にも滑稽にもみえたのだが、それだけではなく彼らには、郷党と絶って思想的党派を形成することが、はなはだ侍らしからぬ逸脱行為に思われたのだ。つまり彼らの目には、封建家臣としての名分によって進退するのではなく、思想によって生き死にすることは、なにか不気味な行為と映ったのである。

神風連が信仰を行動の軸にすえたのは、古代神政ユートピアの実現を生きがいと感じていたからだ。それは彼らがかねて、軽輩として被っていた抑圧の深さの現われだった。そして彼らは、そのユートピアを求めることで、封建の世に後ずさりしたのではなかった。彼らは、思想の力で封建家臣団の意識を乗り越え、みずからを神民と自覚した。その時、彼らは確かに、後ろ向きの姿勢で近代へ跳んだのである。学校党は神風連が挙兵した時、必死になってその足を引っ張った。「神民」のような薄気味悪いものの足は、引っ張らずにはおれなかったのである。

当時、熊本の党派の中で一つだけ、神風連の哀切な挙兵に同情をもったものがいた。熊本民権党である。これは征韓派参議下野の衝撃を受けて、明治七年（一八七四）に形成された党派で、士族社会の極左派かつ最少数派であった。

民権党は、二つの系統から成っていた。一つは陸軍の将校・下士官クラスで、征韓論分裂とともに退職したもの。旧家禄は一〇〇石クラスが多い。一つは城北の農村地帯に根をおろした郷士・豪農層で、これは、幕末の草莽志士の系譜を引いている。この二つを結びつけたのは、おそらく宮崎八郎である。

宮崎家は、玉名郡荒尾に代々根づいた郷士であるが、八郎の父長蔵は、桜園の塾に学んだと伝えられる。村の殿様的実力をもち、経済的にも豊かだったのに、志望を伸べられぬ悔しさが維新とともに爆発した。この親子は、四民平等の謳歌者となったのである。この家には、「官は泥棒の異名、賊軍謀反はよきこと」という信念が、のちまで伝えられている。長蔵・八郎の信念であったことはいうまでもない。

東京で反政府活動を始めた八郎は、明治八年（一八七五）、同志とともに熊本城北三里の植木町に学校を開いた。世にいう植木学校、ルソーを教え、軍事教練を施した。いうまでもない武装反乱の予備行為である。明治一〇年（一八七七）、城北地方の農民に、政府の収奪の末端機構である戸長に対する不満が高まるや、植木の広田尚・堀善三郎、山鹿の野満兄弟は農村を巡回して闘争を指導、城北一帯に騒然たる空気をつくりだした。いずれも士着の郷士・豪農である。

しかし同年二月二〇日、薩軍の先鋒は、熊本城南二里の川尻についた。熊本民権党四八名が、熊本東郊の保田窪神社に武装集結したのは、その日の夜である。翌日、川尻へ向けて進発した彼ら、名づけて熊本協同隊を、沿道の農民は歓呼して迎えたと伝えられる。

協同隊は二二日、薩軍とともに熊本城攻撃に参加。野満富記が「兄さん、今日は革命の初日だ。お祝いに二人で死んでみせよう」というのを、兄俊太郎が「それはおもしろい」と受け、二人して砲煙弾雨の中へ消えたというのは、この日のことである。

協同隊はその後、山鹿町方面の守備を担当、町民を人民委員に任命して民政を布いたという。実態は兵威を借りたお仕着せだったろうが、彼らの日ごろの夢を暗示する挿話ではある。最盛期四〇〇の隊員を擁した協同隊は隊長平川惟一、薩軍本営詰宮崎八郎をつぎつぎに失い、民権党陰の総帥といわれた病身の崎村常雄を輿に乗せて営中に迎え、人吉・水俣・宮崎と敗走を重ねながら力戦敢闘、宮崎県北部で力尽きて投降した。

さて、彼らについて語るべきことは、まず二つあると思う。人民抵抗権の狂熱と農民的反官思想である。

彼らの素早い武装集結ぶりからうかがわれるとおり、反乱は彼らの素志であった。彼らは第二維新を、なんとしても反乱の形で遂行したかったのである。なるほど、彼らの民権思想は未熟だったにちがいない。だが彼らは、なぜ反乱にはやったのだろうか。有司専制を憎み、官という名による強圧に、燃えるような反感を抱いていたからだ。政府に出仕せぬというのは、彼らの最低了解事項だった。

二二歳の田中賢道は、肌着に「ますらをが戈とる手振異国の人にも告げよ今朝の春風」と大書して出陣したそうだ。また彼は、ガリバルディにあやかって、陣中つねに赤い肌着を着けていたとも伝えられる。彼はなによりも反乱の権利を、異国人にも承認される普遍性をもつものとして主張したかったにちがいない。これはまさに、人民抵抗権を剣によって宣布しようとするものではないだろうか。

さらに重要なのは、彼らの反官思想が、農民の伝統的な支配者不信と通底していることである。戸長征伐のさい、農民は交渉中の堀や広田のうしろから、戸長に対し「泥棒、泥棒」と連呼したという。民権党は、農民との関係において、いわば『水滸伝』義賊風だったといえるだろう。ただし、彼らは農民とともに、官という寄生物のない平和郷を夢みる能力はもっていたのである。

しかし問題なのは、協同隊が薩軍と共闘したことだろう。反動士族の私学校に加担したことによって、彼らは選択を誤ったものと、ふつうみなされている。

だが、挙兵に当たって宮崎八郎は、武断主義の西郷に加担するのは主義に背くとなじられて、「西郷に天下取らせて、また謀反するたい」と放言したといわれる。このことは、八郎が西郷の二重性、ひいては西南戦争の二重性をはっきりみすえていたことを物語っている。

西郷は、薩摩の反動封建士族の棟梁だったのではない。封建復帰を願う鹿児島旧家臣団的党派は久光派であって、私学校派とははっきりした対立関係にあった。しかし、全国の士族の中には、西郷に封建復帰の夢を託す者たちがいた。西郷その人が、進歩と反動の二重のシンボルだった。各地方の旧藩家臣団は、西郷の反乱に上乗りした。熊本でいえば、学校党の熊本隊（一五〇〇名）がそれで、彼らは明らかに士族特権回復のために起ったのである。高鍋その他の宮崎諸隊も同性格のもので、そのことは、旧藩の重職が家臣団的つながりで組織した部隊であることに、はっきり示されている。

ところが協同隊にしても、「両豊人民御中」という檄文を発して、農民に「新政」を呼びかけた増田宋太郎の中津隊にしても、旧藩家臣団的結合が横すべりした他の党薩諸隊と違って、家臣団的意識とは切れた思想党派であった。彼らの党派は「郷党」を超出し、そのことで「郷党」から白眼視される中で、はじめて党派として成立した。「郷党」には思想はない。士族的利害があるばかりである。一方、協同隊や中津隊は、士族的利害が影を落としていたにはちがいないが、本質は、それを乗り越える思想党派だったのである。

八郎の放言は、西郷を擁する反乱のこの二重性を洞察し、革命が反乱の勝利のみで終わらないこと、勝利後、反乱軍中の反動派との闘争が必至であること、その闘争の中で西郷が動揺するなら、彼をケレンスキーたらしめる用意はいつでもあることを、いかにも彼らしくズバリといいきったものにほかならない。

私はいわゆる士族反乱の中で、わずか二例しか取り上げることができなかった。だが、この二例で明らかなのは、思想というものの力だと思う。むろん、士族反乱には、彼らの階級的利害が紛れ込んでくる。だが、それがいかなる思想によって導かれたかということをみないでは、後藤順平のような博労、広田尚のような豪農が剣をとった動機は、ついに歴史の中に埋没するだろう。そういう埋没に痛む心こそ、歴史する者の心ではないだろうか。

第五章　豪傑民権と博徒民権

今日は自由民権運動についてお話しする約束でした。今年（一九八一年）は自由民権百年ということになっています。これは明治一四年から百年ということでありまして、明治一四年は自由党が結成された年であり、また明治二三年に国会を開くという詔勅が出た年でもありますから、その年を基準として百年を祝う行事がいろいろと行われているわけであります。

私は自由民権運動についてとくに研究しているわけではありません。『評伝宮崎滔天』という本を書いたときに、熊本の民権運動についてはちょっと触れておりますが、自由民権運動自体について特に勉強したということもないのです。研究書もそんなには読んでおりません。なのになぜ、今日そんな主題をとりあげるかというと、最近かの有名な『自由党史』というのを読んでみたのです。そうしたらいろいろと発見がありました。

自由民権運動は戦前から研究されていて、特に戦後は華やかなテーマとして研究され尽しているといってよい。もっとも色川大吉さんなどの努力で最近でも新しい資料が続々と発見されていて、そういう意味では今後新しい展開が期待されるのでしょうけれども、『自由党史』などは周知の初歩的文献ですから、これまでいろんな角度から論じ尽されていて、今ごろ読んで新しい発見があるはずがない。ところが、私は発見しちゃうのですね。

これは私という人間がおかしいんだと思います。なまじその領域の研究者じゃない、つまり素人なものですから、研究者諸氏が注目なさらないところに目が行っちゃうんですね。今日の話も、私が素人だものだから、研究者諸氏とまったく違う角度から出来事を見てしまう、あるいは研究者が黙殺する事象に目が行ってしまう、したがって、自由民権運動というもの自体が従来描かれてきたイメージとは、ずいぶん違うものに見えてきてしかたがない――まあそういったことをお話しすることになると思います。

今度、従来の研究もちょっとのぞいてみたのですが、一番面白かったのは服部之総さんですね。この人は戦前のマルクス主義講座派ですから、古いといえば古いんです。だから言ってることは理論的レベルでは今さら問題にならないんだけれど、何というか、この人の目の行きどころはツボを突いているんですね。第一、人間がわかる人ですね。政治闘争でも、人間がこういう局面に立ったらどうするか、その決意やら行動やらにその人間の質が全面的に出てくる、ということがわかってらっしゃる。わかってらっしゃるだけでなく、それが描写できる。いや、才能のある人でした。

しかし、新刊も含めて、従来の自由民権運動研究というのはおもしろくない。なぜおもしろくないかというと、明治政府が専制主義で人民を惨虐に圧制してゆこうとするのに対して、民権主義者がいかに勇敢にまた創造的に闘って行ったかというお話になっちゃうんですね。要するに井上清さん流の人民抵抗史観の再生産になるのです。考えてみれば圧制政府のメンバーというのは、明治維新革命の志士たちなわけでしょう。研究者諸氏が信奉するような「近代」的価値を、たとえ研究者諸氏が気に入らぬようなやり方であっても、まがりなりに実現して行った人々でしょう。彼らが反対党である自由民権家を弾圧したのは、自分たちがせっかく苦心して、内外のいろんな条件を顧慮して、慎重に改革をやってゆこうとしているのに、過激で観念的なことを言って一切をぶっこわしてしまおうとする、と考えてのことでしょう。一方に暴虐な権力者がいて、一方に人民の権利と福祉に献身する正義の士がいる――こういったとらえ方で、歴史の真実が見えてくるものでしょうか。ひとつの社会の政治過程というものは、もっと冷静な分析の対象でなければなりません。たとえ研究者自体が〝革命〟にとり憑かれているとしてもです。

しかも、今日の自由民権運動の研究家はみんな、フランス革命モデルの信奉者なんです。封建的領主・貴族の圧制を打倒して、自由で民主的な市民社会が築かれたという市民革命モデルで歴史の流れを考える。市民革命なんて概念が、フランスについてもイギリスについても、再検討に付されている世界的動向なんか一切知ったことじゃなくて、天賦人権とか人民抵抗権とかを純粋に理想化した形で、なんだかウィリアム・テル万歳みたいな史観を押し通そうとなさる。社会科学の方法論、歴史的範疇の組みかえ・更新が課題になりつつある今日、なおかつ民主主義万歳、平和憲法万歳みたいな信条を確認する場として、自由民権運動研究があるわけです。私は専門の研究家じゃありませんけれども、少なくともこういったエンドレステープからは自由な立場で問題を扱いたいと思います。

自由民権運動は西南戦争でもってふたつの時期に区別されるのが普通です。ご承知のように民権運動は明治七年の民撰議院設立建白書に始まるとされている。征韓論争に敗れた参議たちが下野して、西郷はさっさと郷国に引きこんでしまいますが、残りの板垣・後藤・江藤・副島が民撰議院を作れという建白をする。同時に各地に民権結社が続々と生まれてまいりますが、これは民権と同時に国権の意識が非常に強い。いわゆる士族民権であります。九州では西南戦争勃発のさい、彼らはみな西郷に与して挙兵します。熊本の民権党は協同隊、大分の増田宋太郎一派は中津隊を組織しますし、福岡では福岡城を乗っ取ろうとする計画が露顕して、武部小四郎と越智彦四郎が処刑されていま す。土佐派は林有造、大江卓、竹内綱らが大坂城を占拠しようとして捕まっています。これには陸奥宗光も連座しています。

このことをもってわかるように、士族民権というのは武力反乱を起こしたくてたまらない連中で、民権といっても、薩長に権力を独占されたものだから、それに対抗して民権を旗印にしただけで、何かといえば刀を振り廻すような殺伐たる気性が抜けない。それは対外武力侵略の衝動にもなってゆく。要するに尊皇攘夷の志士と一向に変わりばえのせぬような粗暴なナショナリストだというわけです。ところが西南の役以後の民権運動は、言論活動によって国会を開かせよう、そのために民衆を啓蒙しようという理性的な動機が非常に強くなってゆく。これは再興愛国社（明治一一年）、国会期成同盟（明治一三年）、自由党結成（明治一四年）と連なってゆく動きでありますが、これを主導したのは豪農層であるというわけです。いわゆる豪農民権であります。

私はこういう民権運動のわけ方、担い手の階級分析による一見「科学的」な性格規定を信用しておりません。士族民権・豪農民権といった概念は机上の遊びじゃないかと思うのです。従来の自由民権運動研究はマルクス主義史家によって担われて来ました。彼らはすぐ階級分析を行うのですが、いったい豪農という自覚的な階級の存在を明治初期において認めてもよいものでしょうか。階級というのは、少なくとも社会的な行動の主体として考える場合には、共通の利害を意識し、共通のエートス、共通の行動様式、思考様式を備えた集団が、社会横断的に全国に成立していなければなりません。史実を調べると、そういう「豪農」という階級自覚など潜在的にも成立していないのが実情ではありますまいか。

たとえば宮崎八郎が組織した熊本民権党は、典型的な士族民権でありますが、八郎自身の生家は豪農なのであります。八郎の父は剣士で村に道場を開いていたそうですが、西瓜がとれると馬にのって村の貧乏百姓たちに配って廻ったそうで、いわば村の殿様、土豪なのです。子弟の教育だって男は畳の上で死ぬものではないなどと、甚だ武士的である。つまり地侍といってよい存在であります。また、明治一七年の加波山事件の首謀者鯉沼九八郎も家は豪農で、九八郎自身皮革工場を営もうとしている。しかしその意識たるやまったく士族、武士そのものです。大体、幕末から農村には剣道修行が普及していて、百姓から侍になった連中は、例の近藤勇を初め枚挙にいとまがない。ですから豪農といったって、高利貸が土地を集積して地主になったり、酒屋になったりしたのと、代々土地に居着いて地侍的存在であったのとでは、おなじ「豪農」でくくれるはずがありません。階級意識、従って天下国家への意識がまったく違うのです。加波山事件参加者の一六名を調べてみるとほとんどが士族です。何よりも思考様式、エートスが士族なのです。士族から豪農に主導権が移ったなんて史実はまったく認められません。

自由民権運動はまず士族民権として始まってやがて豪農民権へ進展したなんていうのは表面を見ているにすぎないので、そもそもが民権運動の開始を明治七年の民撰議院設立建白書に求めるというのが皮相の見にすぎません。その起源は幕末の公議政体論とか、列藩会議論にあります。典型的には横井小楠に表われていますが、彼は幕府の統治の正当性を論じて、「公」「私」の別を立てております。幕府が本当に日本全体の利益を代表する「公」の存在になっておらず、一個の「私」的権力にとどまっていることに、幕末の政情不安の原因を見ているのです。幕府の専断によって外国交渉を初めとする国是を決めてゆくのではなく、列藩の代表によって、それも各藩の中から優秀な人材をえりすぐって、それでもって幕末の難局に対応してゆこうという風潮が、幕末になるほど強まってまいります。土佐藩が言い出した大政奉還というのも、徳川家も参加する形で有力藩代表を網羅した公議政体を作るという前提に立っていたのです。これは薩長の倒幕路線からすれば大妨害でありますので、大久保・西郷が必死になって潰したわけですが、自由民権運動が土佐の立志社から起って来たのは、そういう因縁があります。

これは一種の貴族デモクラシーなのです。徳川家という国王権力を制限して、有力領主たちが権力に参与するわけですから、例のマグナカルタとおなじことです。英国の議会制度の発達のあとを見ても、デモクラシーはまず貴族による国王権力の制限という形で始まるのです。ヨーロッパではこの貴族デモクラシーは等族議会という形で展開します。公議政体論では全国規模で賢明な藩主を選抜すると同時に、藩士層からも有能な者を選抜し、さらに公卿層からも有能な者を選抜するわけですから、一種の等族議会といってよろしい。デモクラシーというのは一足とびに一般庶民が統治に参加する形で出現するわけではありません。必ず貴族による国王権力の制限という前駆形態をもつのでありまして、ゲルツェンの『ロシアにおける革命思想の発達について』においても、ロシアのデモクラシーの起源はキエフ公侯国の貴族共和制に求められているのです。

ですから、日本においても、民権あるいは共和制的な主張は、まず士族の平等な政治関与権の主張として出てくるのです。民権思想という、ルソーだかロックだか知りませんが輸入された抽象的な思想があって、それを担ったのが最初は士族、しかし彼らはその担い手としてふさわしくないから、もっと民権思想にふさわしい豪農、あるいはさらにその下の農民に担い手が移ったというのではありません。民権運動はまず全士族に政治関与権を与えよという主張として始まったのであって、ルソーやミルを勉強してめざめたというのじゃないのです。

これはある意味では当然なことです。幕末に列藩会議とか公議政体という形で、全国の領主以下の全士族の総意による国政運営というコンセプトが普及しました。豪農層はこの段階から動き始めておりまして、それも豪農富農の利益を主張するというのではなく、侍に成り上って、あるいは侍にもぐりこんで、国家の大事に参与するという形をとっております。渋沢栄一などその典型です。ですから士族、侍といっても相当下降した部分まで含めて、全士族に平等に政治関与権を与えよという主張になってくる。第一、尊皇攘夷派、あるいは倒幕派というものが藩内に形成されるとき、家老を初めとする名門層はお家大事の佐幕派ですから、下士、軽輩の中から志士が突出してやがて藩政を握ってゆく。さらに郷士・地侍（経済的主体としては豪農富農）まで藩政にあずかろうとしますから、幕末明治初期には、郷士から成り上った部分も含めて、全士族が従来の門閥支配を排除して、能力に従って政治に関与すべきだというコンセプトが常識になってくるのです。

ところが、明治新政府が成立してみると、政権に関与するのは薩長土肥、実質的には薩長の士族と一部の公卿である。旧幕府の家臣はむろんのこと、戊辰戦争で賊軍になった諸藩や、バスに乗りおくれた諸藩の家臣は全然政権から排除されてしまいます。本当は旧幕臣や東北諸藩の家臣から、士族にすべて参政権を与えよという主張が出て来てもよかった。いや、それは出て来ているわけで、反政府陰謀を企んだというので殺された雲井龍雄など、明白に薩長以外の士族が政府から排除されたことを怒ったわけです。このあと自由民権運動家が雲井龍雄の詩を好んで朗唱したのには、ちゃんと根拠があったのです。

自由民権運動が土佐の立志社から始まったのも、そう考えれば当然です。板垣たちは明治新政府の中にいるうちは民権の民の字も言わなかった。征韓論で政権から放り出されて始めて民撰議院を作れと言い出した。土佐は列藩同盟論の本場ですから、それを言い出した自分たちが政権から排除されるというのはありうべきことではない。土佐藩士族も当然参政権をもつ、国事を司るのが薩長士族だけであってよいはずがない、全国全士族に参政権を与えよ、これが彼らの自由民権の本音だったのです。

土佐派が民撰議院設立、つまり全士族参政権を主張し出すと、各地方で早速呼応する者が出てくる。熊本では宮崎八郎が民権党を作る。この熊本民権党は百石クラスの藩士と郷士つまり富農の連合でありまして、そのルーツは熊本藩の下士・軽輩層が作った肥後勤皇党にあります。肥後勤皇党は尊皇攘夷の旗印のもとに、藩政から排除されていた下士・軽輩が藩政関与権を主張したわけです。肥後は大藩で家老は万石クラスですから、百石といえども下士。熊本民権党は下士・軽輩が尊皇攘夷の旗を自由民権の旗に替えて藩政参与権を主張したものであります。

つまり自由民権運動とは明白に、全国の士族に参政権を与えよという主張として始まったのです。デモクラシーというのはルソーやロックが理念を説いて始まったのではなく、フランス民衆のバスチーユ襲撃で始まったのでもありません。ヨーロッパでも近代以前にその起源があります。日本デモクラシーの起源が幕末から始まった下士・軽輩の藩政参与権の要求、さらに幕末の公議政体論の形をとった全士族参政権の主張にあることは、何もいわゆる「特殊日本」的な発達のゆがみではなく、世界史の公道を踏んだものであったのです。特にこの「士族」という範疇が、幕末・明治初年において、郷士の侍身分への上昇、戊辰戦争に参加した庶民身分の士族への編入等、裾野の広がりをみせていたことを考えれば、日本デモクラシーの思想が全士族参政権の要求として現われたのは当然であったのです。

土佐の立志社から始まった民権運動は明治八年に愛国社全国大会を開くまで拡大しますが、この愛国社は西南の役の中断を経て、明治一一年に再興大会を開きます。その趣意書を読んでみますと、およそ「自由民権」とは縁のないようなことが強調されている。研究者諸氏はむろんそんなことは読んで知っているはずですが、これは民権の本筋からはずれた脱線だ、少なくとも本質的な部分じゃないというわけで、無視してしまうのですね。しかし、そんなふうに恣意的に本質を決めて、その線に沿った現象だけとりあげてゆくのなら、歴史なんて好きなように描けてしまいます。

さて、その趣意書は次のように説いております。なぜ愛国社を再興するのか。それは国民は互いに交際しなければならぬからだ。一国の幸福というのは、国民が互いに交わって、親和することにかかっている。旧藩時代には、侍の社会、農民の社会という結合があり、また侍と農民の間にもある種の結合があって、一藩規模ではあるが人民交際というものが成り立っていた。ところが、藩が解体されて以来、人びとはバラバラになり、一人ぼっちになって人心の帰着するところを知らない。こんなふうに、各人てんでバラバラの方向を向いているんでは、国家の体裁をなさないんじゃないか。各地に民権結社を作るというのは、このような状況を克服して全国的な人民交際を生み出すことになる。まずこのように説き出しているのです。

そのような統合の上に立って民権の主張がなされるわけですが、その際重要なのは、旧士族は参政権を持っていたと主張していることです。というのは、旧藩においては、殿様が変なことをしようとすると、すぐ家臣がとんで来て、「殿、それはなりませぬ」と諫言をすると言うのです。これすなわち家臣の参政権である。これはこの趣意書の筆者が誇張しているわけではなくて、実際そうであったのですね。浅野長勲という、ちょうど明治維新のころの芸州藩の殿様がいますが、その人の回想に、とにかく旧藩時代は不自由でならなかった、屋敷では鳴り物禁止で、何かあれば家老がすっ飛んで来る。「殿、いま三味線の音がしませんでしたか」と言ってくる。「三味線？　いや知らないよ」といったふうで、とにかく煩いといったらなかったということが出てきます。このような家臣団の発言権を趣意書の筆者は参政権と言っているわけで、そのようにかつて存在していた参政権がゼロになった、士族はそれを失ってしまったと主張しているのです。これは重大な主張だと思います。また、次のようにも主張されています。

旧藩時代には人びとの結合が緊密であったから、何か不徳義なことをやれば人びとから指弾されるので、人びとはおのずから慎んだものであった。このように道徳は社会の結合が基礎になっているのに、今日はそういう地域社会が解体してしまったから社会道徳が崩れるのだ。さらに旧藩時代、秀才は江戸の昌平黌に行って学問したものだが、修行が成れば藩へ帰って来て地元に貢献した。ところが今では、秀才たちが東京の学校をめざすのはおなじだが、学校を出ても郷里に帰らず、そのまま東京の人になってしまう。そうすると地方にはポンカスばかりが残るということになってしまう。以上のようなことも言っています。

これは何かというと、旧藩時代は地方というものを地域社会としてちゃんと維持してゆくシステムがあったのに、明治の新時代になってそれが崩壊してしまって、いたずらに中央集権が進み地方の活力が失われると言っているわけで、以上を総合すると、旧藩時代は社会の絆というものがしっかりと張りめぐらされているのに、今日文明開化の世の中になって、そのネットワークが解体され、人心が荒廃しつつある、しかもかつての人民結合の要にいた士族の参政権が否定されてゼロになったことが、このような社会解体をさらに促していることになります。自由民権というと、いかにも近代的個人の自由の主張のように聞こえますが、その実体はこのような、古き共同性の喪失への危機感であったのです。旧藩時代に存在していたような社会の絆、さらに参政権をわれわれは失ってしまった。それを再建せよというのが「自由民権」であったのです。

私は先に自由民権運動とは、全士族の参政権の要求だと申しましたが、それが根も葉もない主張でないことはおわかりいただけたかと思います。この場合、大事なことと言えば、士族といってもその下方は一般庶民にも開放されているということです。さらに士族を全国民の福祉を考慮する使命をもったものとして想定していることです。これが彼らの志士意識であって、志士たることが参政権要求の資格である以上、一般民衆だって志士としての自覚を持つものは、士族たちから志士仲間として、何のへだたりもなく受け入れられたのです。

自由民権運動は最後まである種の士族のプライドによって領導される一面がありました。むろん、それだけでない面も追い追い出てまいりますし、そういう士族の自由民権主義の壮士気分、国士気取りに対しては、中江兆民とか馬場辰猪とかは鋭い批判を持っておりました。ですが、自由民権運動の左派、ラジカル派というものの実態を見ますと、過剰と言っていいほどの志士・仁人意識が最後まで見られるのです。その志士・仁人意識、国のため民のため一身を投げうつという、言ってみれば傲慢にもなりかねぬ意識は、一種の反功利主義の形をとります。明治という新時代は実利・実益が重視され、さらには新たな金もうけのチャンス——それは破産のチャンスにもなりかねませんが、とにかく金もうけも含めて成功のチャンスを提供したのです。さらに有司専制という状況を受けて、役人になって立身するという目標が生まれる。士族的民権論者は、こういう蓄財、立身という新しい成功のタイプを徹底的に嫌悪し軽蔑したのです。熊本民権党の連中は、官に出仕することを徹底的に嫌いました。同志の松山守善は家庭の事情でやむなく下級官吏として政府に出仕したのですが、そのため同志一同から軽蔑され交わりを断たれた。反権意識というより、これは節操の問題です。自分たちが否定する現政府に出仕するのは、志士としての節操からして恥ずべきことだったのです。

ここから一種狂的な志士の生態が生まれました。熊本民権党には野満安親という男がおります。これが明治四、五年のころでありましょうか、宮崎八郎と二人、東京で暮らしておりました。ところがある日、客があって、もてなすにも酒も肴もない。ひどい貧乏をしているわけですからね。すると野満がフラッと外に出て、やがて酒と牛肉を提げて帰ってくる。どうして工面したのか問うと、何、その辺で辻斬りをやって来たと言うのです。まさか斬り殺したのではなくて、刀をキラリと抜いておどし取ったのでしょうけれど、何の気負いもなく、平気な顔をして、澄ましてこんなことをやる。つまり徹底的に日常の常識と切れていて、同志に対する歓待という志士的仁義を果たすためには、世間的束縛を平気で踏み破るのです。アナキストの壮烈さみたいなものにも通じる気分ですね。しかし、こんなふうに世間からはみ出していながら、世直しのためには命を棄てる。薩軍が熊本城を攻めた第一日、熊本民権党の軍事組織協同隊の一員として、薩軍の嚮導に当ったこの安親とその弟は、「今日は革命の初日だ。お祝いに死んでみせよう。お先にご免」と城壁を率先してよじ登って戦死したと伝えられます。

この狂的な気分、世間的な功利を一切排除して、ただ世のため人のため命を棄てる一瞬にかけようという衝動は、自由民権運動の最後の局面のひとつである加波山事件の被告たちにも濃厚に認められます。彼らが首謀者の一人、鯉沼九八郎の家にかくれていた時の様子を、『加波山事件』（明治三三年）の著者野島幾太郎はこう伝えております。「壮士の輩、閑あれば必ず飲む。夜と昼とを問わざるなり。鯉沼氏の在と不在とにかまわざるなり。氏一たび他出、数日を経て帰宅す。酒債とみに嵩む。これその常なり。酔えば必ず議論す。議論のはては必ず決闘す。しかれども、事おわればその交わりあたかも兄弟の如し。酔えば必ず抜刀す。ゆえに長屋門の二階はその柱いずれもみな疵だらけなり」。まったくブラッディな、殺伐としたエートスの持ち主たちでありますが、こういう市民革命の担い手たる市民たちとはまったく違う、いわば市民的理性と全く反する非合理的な情念の持ち主が、わが自由民権運動左派の担い手であったことを忘れてはならないのです。

鯉沼九八郎が豪農の家の出で、企業家センスも持っていたことは前に申しました。しかしその少年時代は学問大嫌いで、『中庸』の一冊を卒えるのに三年かかったと言われております。で何していたかというと、近所の子どもを集めて戦争ごっこばかりやっていた。そのうち壬生藩士になり、藩校に通い、剣客となった。つまり侍に成り上ったのです。自由民権運動とつながるのは、福島県令として自由党に大弾圧を加えた三島通庸が、栃木県令として新たに赴任して来たので、かねて彼の圧制を憎んでいた九八郎が三島の暗殺を企むに至ったからです。福島自由党の首領として投獄された河野広中の甥にあたる河野広躰と知り合い、三島暗殺は彼とその同志たちの執念になるのですが、その際ユニークなのは、爆弾を作ったことです。何の知識もないのに独学で爆弾、といっても手榴弾みたいなものですが、それを何百個も製造してしまうのです。この人の叔父の一人はかつて雲井龍雄の同志だったのです。自由民権といっても、薩長の横暴が憎いからで、その点大久保を暗殺した島田一良らと何ら選ぶところはありません。九八郎はいよいよ決起寸前になって、爆弾製造中爆発事故を起こし、手首を失って入院してしまうので、加波山にたてこもった一六人の中には入っておりません。しかし、何といっても豪傑です。

鯉沼に代って一党の首領となった富松正安は茨城県の士族でありますが、これは武力反乱の夢に憑かれていた点で宮崎八郎によく似ております。この連中は運動会というのをよく催すのですが、それはまったく軍事演習なのです。このときの写真とされていますが、富松は鎧を着こんでいます。宮崎八郎が熊本で設けた植木学校も、民約論を読むとともに戦闘訓練を行う「一種奇怪の学校」であったと、松山守善によって回想されています。富松はいったん事生ずるや「馬首を南に」、すなわち東京へ向けるつもりでおりました。富松も八郎も豪傑の名にそむきません。

中野重治に「豪傑」という詩があります。昔、豪傑というものがいた、人に後ろ指をさされるとすぐに腹を切った、恩義ある人のためには黙って人を殺したと中野は歌っています。加波山事件の被告とか熊本民権党の連中は、みなこういう中野的意味での豪傑なのです。こういう豪傑的気風は、いわゆる自由党左派の激化事件の立役者たちにも顕著に認められます。私はこれには豪傑民権という名称を付したらどんなものかと思います。士族民権とか豪農民権というより、よっぽど実態に迫っていると思うのですけれど。もちろんこんなものは学問上のタームになるはずはありませんから、私の思いつき、といってもかなり真剣なアイデアとしてご披露するにとどめます。

まあ、少し理屈めかして定義らしきものを下せば、かつて所有していたと信じていた士族の参政権を剝奪されたという意識、これは不当な扱いを受けているという意識になります。士族の参政権なんて現実にあったかどうか。あったとしても家老などの上士の場合、それに幕閣がその実力を認めざるをえなかった大藩の場合にすぎぬのではないかという反論はもちろんありえます。しかし幕末には下士軽輩といえども藩政に容喙してゆくことが可能な状況が生まれていますから、また小藩といえどもキャスティングボードを握る場合もありますから、われわれはかつて参政権をもっていたという意識、きわめて主観的な意識が成立しえたことを否定するには及ばないでしょう。

そこでそういう参政権を剝奪されたという意識の強い、しかも幕末以来昂進した志士・仁人意識にめざめた士族――大半の士族はサラリーマンで、そんなご大層なものはもちません――が、明治新政府のこれも相当の専制主義に対して激しく抵抗する。その抵抗の中で矯激で狂的な反功利主義が衒示されるというのが、豪傑民権のタイプだと思います。ただしこういう心性は右翼国粋主義という形をとる場合もありますが、国権・民権の違いはほとんど偶然によります。大した有意差はありません。これは一種の共同体主義でありまして、それを一括すれば西郷党といってもよろしいのです。

従来の研究では、民権運動は西南戦争を画期として、上流の民権から下流の民権に移って来たということを申します。しかし、この点も一概に言えることではありません。熊本民権党は豪傑民権であると同時に、下流民権であります。第一その党派の人的構成が、旧肥後藩の下士・軽輩、さらに郷士から成り立っているわけですが、そのことよりも彼らが一般農民の立場に非常に同情的であったことが重要です。

彼らが一番面目を発揮したのはいわゆる〝戸長征伐〟です。明治政府の行政の末端を担う戸長を百姓たちと一緒に一軒一軒吊るし上げてゆく。その場合彼らは百姓たちに雇われた代言人という立場で行動します。百姓たちは戸長に対して税金のこととか学校のこととか、要求が一杯あるわけです。しかし、戸長の前に出れば口籠ってうまく言えない。自分たちに代って要求を代弁してくれというので、百姓たちが広田尚と堀善三郎を雇いに来る。この事件でのちに取調べを受けた百姓は、一同相談の上、広田と堀を雇うことにしたと言っています。またある村では、隣村でこの二人を雇うたそうだから、自分たちも両人を雇うことにしたと、調書で言っています。戸長のところに村民がどっと押しかけて、最前列で広田と堀が戸長を追及してゆくと、村民たちは手にした竹槍でドスドス地面を突きながら、「んだ、んだ」とか言うわけですね。また「泥棒、泥棒」なんて罵る。この戸長征伐は非常に盛り上がるのですが、折角盛り上がった最高潮のときに西南戦争が起って、広田や堀は協同隊員として反乱に参加してしまうのです。

その広田、堀とはどういう人物かと言いますと、まず広田尚は植木の庄屋の家筋の生まれです。横井小楠に弟子入りして、小楠が松平春嶽公に招かれて越前藩へ行ったとき、その下男として荷物を担いで同行した男です。小楠の系統は熊本実学党といって、蘇峰の父の徳富淇水がその例であるような、殖産興業に熱心で県政にも参与するブルジョワ民主派でありますが、広田はその系統には行かずに、村で塾を開いて百姓の子弟を教え、宮崎八郎の民権党に入りました。塾での『論語』や『左氏春秋』の講義は、肥後弁丸出しの大変面白いものであったそうです。

堀善三郎は林桜園の塾に学んだ人でありますから、もともとは肥後敬神党、つまり神風連の系統の人物ですが、この時期には民権党と行動をともにしております。これも面白い点で、敬神党も下士・軽輩の党派で、上士に対して強烈な反感をもっておりました。

この二人は甘んじて百姓から雇われたのでありますが、そのことから、農民の立場を自分たちは代表するんだという自覚がうかがわれます。熊本協同隊は山鹿町で民政を布いた、つまり町民から代表を出させて議会を作らせたといわれておりますが、民衆と極めて強い一体感を抱いておりました。まさに下流民権の自覚といってよろしいのです。

広田尚については、宮崎民蔵が伝えている後日譚があります。明治一五年に九州改進党というものが出来て、協同隊の生き残りが作った相愛社は、実学党の後身の公議政党と並んで、その九州改進党に参加するのですが、ちょうどその頃戦死した協同隊員の招魂祭があって、それに広田が出てくるのですね。八郎の弟の民蔵はまだこのとき少年であったけれども、汚い着物に汚い帯を締めて、羽織も着ない広田が「目をヒカヒカさせて」、私どもは今はたまたま実学連の皆さんと一緒になっとるけれども、精神まで一緒と思うたら違いますバイ。われわれは明治一〇年戦争以前から民権を唱え、革命を起こそうと考えて来た者どもである。そしてその人たちは、それ、今目の前にある位牌になっておる、と語ったのを一生忘れませんでした。広田尚というのはそういう男だったのです。

下流民権の性格を理解するには、名古屋事件が格好の事例と思われます。名古屋事件というのは愛知県の自由党員が挙兵しようとして、その資金集めに強盗事件を起こして捕まった事件ですが、その被告には博徒がかなり入っているのです。この事実を明らかにしたのが長谷川昇さんの『博徒と自由民権』（中公新書、一九七七年）です。これは非常にすぐれた本です。

そもそもから説き起すと、戊辰戦争に当って尾張藩は農兵を組織するのですが、その農兵隊が七つある中で、集義隊というのが博徒、つまりバクチ打ちで成り立っているのです。集義一番隊が平井一家、二番隊が北熊一家です。なぜこのふたつの博徒集団が選ばれたのかというと、彼らは例の清水の次郎長一家と対立しておりまして、次郎長と組んだ西三河の博徒集団と度々武闘を行なっていて、ヤクザの中でも特に戦闘経験を積んだ一家であったからです。博徒といっても北熊一家の親分の近藤実左衛門は剣客で、道場を開いて弟子数千人といわれました。この時代では、近藤勇、土方歳三の例を見てもわかるように、百姓上がりの剣客の方が、柳生流でございとか何とかいう正統的な剣客より強かったのです。名古屋藩の農兵隊に庄屋層が集めた百姓から成る磅礴隊というのがあるのですが、その隊員、むろん百姓ですが、そいつが名古屋藩剣術指南役だった侍と喧嘩して、下駄で相手の脳天を強打して、みごと勝利を収めているのです。

まあ、それは余談ですが、集義隊は北越戦線で戦功を挙げて、戦後も藩の常備隊に編入され、幹部は士席に挙げられ扶持もいただくようになります。それが明治四年になると、平民に戻され扶持も召しあげられる。彼らはまた博徒の生活に戻ってゆくのですが、その一方「復禄・復籍運動」を粘り強く続けるのです。

榊原鍵吉が東京で剣術の見世物をやり始めたのは明治六年ですが、この「興行撃剣」はその年のうちに名古屋に飛火します。この興行会に北熊一家の剣客たちが参加してゆきます。自由党の内藤魯一が愛知県に民権結社を作るとき、手がかりにしたのがこの「興行撃剣」のメンバーたちでした。内藤は正統的な自由民権派ですから、最初は博徒も含んだ撃剣会メンバーを当にするのですが、次第にもっと開明的なブルジョワ市民派の方に足場を移してゆきます。そして庄林一正を中心に愛国交親社という特異な民権団体が内藤から離れて成立することになる。庄林は世禄八石という尾張藩の軽輩出身で、撃剣会の組織者です。

この愛国交親社というのは明治一五、六年には、社員二万八千人というおどろくべき数に達します。長谷川さんは戦後農村を廻って交親社の子孫を調べて廻ったのですが、「愛国交親社」という門標が赤十字社の木札と並んで戸口に掲げられているのにおどろいたと言っています。半世紀以上経っているのですよ。その浸透ぶりがうかがわれましょう。さらに長谷川さんは、交親社の実態を知るに及んで、それまで抱いていた民権政社のイメージが一変したと言っておられます。というのは交親社を組織したのは、博徒剣客を含む旧撃剣会メンバーであり、もちろん政談会も開くのですが、何といってもユニークなのは、毎月二回撃剣会を開いて剣術を教授したことです。

二万八千にも及んだ入会者は、そのほとんどが貧農・半プロレタリア層であったと長谷川さんは言われます。交親社は郡ごとに幹事長、書記、剣術取締などの役を置き、五〇人ごとに組、一〇人ごとに伍を編成するという形でその会員たちを組織してゆくのですが、この役員たちの中にはかつての草莽隊員が数多く見出されるのです。しかも注目されるのは、社員を動員して、大掛りな「野仕合大撃剣会」が開かれていることです。明治一六年八月二一日には、一五〇〇名を集めて合戦さながらの模擬戦が行われました。これは紛れもない軍事訓練でありまして、関東の鯉沼、富松、九州の宮崎らがおなじようなことをやっているのを思い出して下さい。

では、農民たちは一体何を期待して交親社に集まったのでしょうか。当時の新聞は、交親社に入ればその筋より二人扶持を宛がわれ苗字帯刀を許されるとか、徴兵を免除され世禄を給わるべしとか、明治二三年の国会開設に至れば、財産は一般人民に平等に分与され、交親社員は苗字帯刀ご免になり八石を給されるとか、そういう勧誘の仕方がなされたと伝えています。すなわち百姓の士族に成り上りたい欲望、士族の裾野を広く一般庶民に開いてほしいという欲望をそそったところに、二万八千人の会員数の秘密があったわけです。私は先に豪傑民権の要求は、全士族の参政権の要求であると申しましたが、その要求の中には、士族の裾野を広げて一般民衆もその中にとりこんでゆく発想が含まれていたのです。熊本民権党の場合にもそれは認められましたが、愛国交親社の事例は、士族民権すなわち豪傑民権が下流民権と結びついてゆく有様がはっきり読みとれます。

名古屋事件は先に申しましたように、武装蜂起を見こんで、資金調達のために強盗事件を繰り返したものですが、この被告二九名中、旧集義隊員は七名含まれており、これがみな専業博徒なのです。五一回にも及ぶ強盗、強盗未遂事件の中心人物大島渚は近藤実左衛門一家（北熊一家）の幹部です。彼らが激発したのは、ひとつは明治一七年二月から博徒の一斉検挙が行われ、身の置きどころがなくなったからです。これは太政官布告によって、彼らがどこかに集まっただけで、つまりバクチを実際しないでも逮捕できるようにしておいて「大刈込み」をやったわけで、次郎長もこのとき捕まって、もう正業についてお国にも役立っている自分を捕まえるとは許せねえと叫んだそうですが、大島らが名古屋の過激自由党員と結びついたのはそういう事情もあったようです。

おなじ明治一七年の秩父事件、いわゆる自由党左派の激化とは性格の異なる秩父困民党の蜂起においても博徒は活躍しています。困民党は一一月一日に蜂起し、三千名の部隊で秩父町に進入したのですが、やがて集まった「暴徒」は一万に達したと言われます。ところが、そのわずか三日あと、周りが政府軍によって囲まれたことを知った総理の田代栄助と会計長の井上伝蔵が姿をくらまして、本陣は崩壊してしまうのです。田代や井上はもともと困民党のオルグから担がれて幹部に祭り上げられたのですし、一一月一日の蜂起には反対で、もっと各地と連絡した上で挙兵したいと考えていたのですから、同情すべき点はあると井上幸治さんは言われますが（『秩父事件』中公新書、一九六八年）、それにしても、ぎりぎりまで戦って、どたん場で姿をくらましたというのならわかりますが、政府軍と戦闘を交えたか交えない程度の段階で逃げ出すというのはどういうことでしょう。最初から覚悟が定まっていなかったというほかありません。あとで述べる坂本宗作の例にくらべて、あまりにも情けない。とにかく本陣がカラになったんで形勢は一挙に敗勢に傾いた。しかし、それでもゲリラ戦を続けて頑張った連中がいるのです。そもそも困民党の中心的なオルグは落合寅市・高岸善吉・坂本宗作らですが、彼らは博徒加藤織平（蜂起時に副総理）の身内で、百姓ではあるものの半分博徒だったんです。彼らは幹部脱走のあとも粘り強く戦い続けます。博徒には抜きん出た戦闘力があるのです。坂本宗作は悟山道宗居士という戒名を白鉢巻に書きこんでいたそうですから、挙兵したとき生きて帰る気はなかったのです。

秩父困民党は完全な下流民権で、士族民権とはほとんど接点がないんですけれど、その中に博徒がいて、しかも最も戦闘的な分子だった事実は看過できません。名古屋の例を併せ考えますと、博徒民権といったカテゴリーを立ててもよろしいと思われるほどです。

さて、私は従来の分類とは違って、豪傑民権とか博徒民権とか、大学の先生方が眉をひそめるようなカテゴリーを立ててみたのですが、これは何も奇をてらったわけではありません。色川大吉さんは私の講演を聞いて、ありゃ講談じゃ、とおっしゃったそうですが、まあ私の概念の立てかたがアカデミズムと異質であるのは認めますけれど、私には民権運動は豪傑民権・下流民権・それにハイカラ民権を加えると、大体実態がつかめるのじゃないかと思えて仕方がないのです。さて、最後のハイカラ民権ですが、これはあまり説明がいりません。要するに泰西の民主主義思想なるものを勉強し、また民権拡張の歴史を学習して、そこで獲得した基準でおくれた日本の現実を啓蒙を通して改革してゆこうとする人々で、優秀な人材もいます。その一方、何を勉強したんだ、要するに一時ハイカラぶっただけじゃないかという人もおります。

このハイカラ民権のうち最もすぐれた人物は馬場辰猪でありましょう。彼は宮崎八郎流の武力反乱の衝動に憑かれた豪傑民権への的確な批判をもっておりましたし、また、板垣らの自由党指導者が実は権力の分け前を欲しているだけじゃないかと鋭く見破っておりました。しかし彼は、下流民権に信を置くことができなかったのです。彼は日本の民衆に絶望しておりました。彼らの無知、野卑、卑屈を嫌悪しておりました。だからアメリカへ亡命して死ぬしかなかったのです。

ハイカラ民権は知識人の民権と言ってよろしい。従ってそれを唱えた者たちは、私が熟知している種類の連中です。つまり自分のことでもあります。だから、私はあまり興味がありません。この流れは連綿として昭和前期のマルクス主義者、戦後の市民主義者まで連なっているのでありますから、一番わかりやすいのであります。従って私の興味をそそらないのです。

以上、今日の私の話は自由民権運動とは何かという大問題に答えようとするものではありません。一般に自由民権運動と言われているものと、実態はずいぶん違うんですよ、まず実態をよく見ておきましょうといった程度の話です。それでも、今日お話ししたような実態を、理論的認識はとりこんでゆかねばならないと思います。その手がかりとでも考えて、今日はこんなお話を致しました。

（一九八一年、葦書房にて。二〇一〇年一〇月、テープ起し原稿を大幅に削除・加筆したが、講演当時の論旨を出ないように留意した。）

第六章　鑑三に試問されて

内村鑑三を論じようとは思わない。第一、この原稿の注文を受けるまで、彼の著作は『余はいかにしてキリスト信徒となりしか』と『代表的日本人』しか読んでいなかった。あるいは『後世への最大遺物』ほか、講演やエッセイもいくらか読んでいたかもしれないが、彼の思想の核心に触れなかったのはむろんのこと、人物についても有島の『或る女』を通じて、なんだかあのおそるべきスコットランドの宗教改革者ジョン・ノックスみたいな人だな、ぐらいの印象しか持っていなかった。また、将来大正文壇の中核をなす青年たちの心をつかみながら、そのすべてから離反された人物、程度の認識しか抱いていなかった。

つまり私にとって鑑三とは、明治人のヨーロッパとの遭遇の一例、あるいはあの特異な西郷論の著者としてしか意味を持っていなかったのだ。そういう私に衝撃を与えたのは、新保祐司氏の『内村鑑三』（構想社、一九九〇年）である。この本で私は初めて鑑三のことがわかった。その存在の容易ならざる意味をさとった。この本がある以上、全体としての鑑三を論じるなど、少なくとも私にとっては無用事である。それは私がこの人がしたように、全集四十巻を徹底的に読み破っていないからではない。この本に実現されているような密度と深さで鑑三を読みこみ、かつ論じる用意がまったくないからなのだ。

私はこのたび鑑三の文章をいくらか漁り読んでみた。何といっても最も読み甲斐があったのは『ロマ書の研究』である。私は鑑三から重大な問題をつきつけられたと感じた。あえていえば試問されている、糾弾されているとさえ思った。彼がつきつけてくる試問は回避できない。彼がどんな人であったか、彼の思想が日本の近代に対してもつ意義は何であったのか、といったことを論じるつもりはなくても、この試問にだけは答えねばならぬ義務がある、と私は感じた。

鑑三は、同時代の日本という国のありかたを憤怒し批判する文章を数多く書いている。昭和二四年に『内村鑑三』という長大なエッセイをものした正宗白鳥は、それを私的鬱憤を晴らすためのたんなる罵倒とみなしているが、鑑三の批判はたとえそういう一面を否定できぬとしても、今日になってますますリアリティを獲得するに到った貴重な真実を含んでいる。しかし同時にキリスト者としての信念に災いされて、真に人類史的展望に立つに到らない未熟をも示している。「基督教を信ずる国は興って、之を信ぜざる国は亡ぶ」(『基督教と世界歴史』)などというたわ言は悲惨といってよい。

彼は明治三六年に書いた一文で、「日本国の大困難」の根本は「日本人が基督教を採用せずして基督教的文明を採用した事」にあるといっている。語義不明瞭の妄言であるのはいうまでもない。彼のいうキリスト教文明とは、ヨーロッパ的な政治と法の諸制度、資本主義的経済システムと機械制大工業の結合、科学をはじめとする学芸と教育制度のことだろう。つまり、明治四年の遣欧使節団が学びとって導入した近代国民国家的諸エレメントを指すのだろう。だが、それをキリスト教文明と呼ぶことはできない。

鑑三がそれをキリスト教文明と呼ぶのは、そういう近代国民国家システムは、キリスト教を胎盤としてのみ誕生しえたと考えているからだ。科学ひとつとっても、「一神教の信仰と科学の勃興との間には深い深い関係が存して居る」からだ。日本の科学者が西洋の科学の成果をただ利用するだけで、世界的発見をなしえないのも、「真理に対する愛心が足らない」からで、その愛心はキリストへの信仰から生まれるのである。キリスト教的信仰なしに西洋の文物・制度を導入しようとするのは、土壌なきところに花を咲かせようとするようなものだ。

こういう考えは鑑三だけのものではなく、ベルツもそう考えたし、鷗外もまたそう考えた。鷗外はドイツ留学からの帰途、自分はヨーロッパの学問の種を日本に持って帰るつもりだが、その種は日本という異質な土壌に果して根づくだろうかと疑ったと書いている。ベルツ・鷗外のみならず、西洋近代文明の根底にはキリスト教的精神風土があり、その精神風土ぬきに西洋近代文明を移入しても、真の近代は実現できないという考えをもつ日本知識人は非常に多く、一種のマナリズム、一種の知的伝統をかたちづくってきたといってよいほどだ。

だが現実を見よ。現在の日本のみならず全世界を見廻しても、キリスト教を信心せぬと科学研究の創造的成果は生まれないなどという妄言が成り立つ余地はない。科学技術にせよ、近代国民国家システム、資本主義的経済システムにせよ、それ自体はニュートラルかつユニヴァーサルな文化要素であって、どのような宗教をいただく国家にも導入可能なのである。べつに、キリスト教と抱きあわせにして移入せねば「大困難」を招くような性質のものではない。むろん、導入された近代的システムと文化要素は、その国の宗教を含む伝統によって、各国ごとに特殊な変容を蒙るだろう。だが、欧米式資本主義が本物で、日本やアジアの資本主義は贋物だなどと判定する基準は存在しないのである。

明治三六年当時の日本の「大困難」は、本来キリスト教と抱きあわせであるべき近代文明を、キリスト教抜きで採用したから生じたのではない。近代化によって従来の精神的基軸が失われたから生じたのである。だからそれに替えてキリスト教という基軸の採用が必要だったのだ、というのはナンセンスである。いったい採用とはどうすることをいうのか。まさか国教にすべきだったというのではあるまい。政府が先頭に立ってキリスト教を育成すべきだったというのでもあるまい。いずれも鑑三自身の信仰の根本義に反する。だとすると残るのは、鑑三を初めとする伝道者がいくら口をすっぱくして説いても、日本人の大多数がキリスト信者にならなかったという事実だけである。それが怪しからぬというのか。だから罰が当ったというのか。要するに鑑三は、日本人がキリストを信じないから大困難が到来したといっているので、それならば大困難に直面しているのは日本ばかりではなく、当のキリスト教諸国も同様だということになる。なぜなら、欧米諸国がキリスト教国だというのは内実を伴わぬ名ばかりのことで、その地に真の信仰は絶えたも同然だと鑑三自身がいっているからだ。

キリスト教であれ何であれ、日本という国に精神的基軸が欠けているのを鑑三は憂えたのだ、と弁護したい向きもあろう。そういう心配は明治日本の国制を定めるときに伊藤博文がした。何のためにしたかというと、国民を統治するためである。統治する方がそんな心配をするのはもっともだが、統治されるわれわれの方はそんな心配をしてもらわねばならぬ必要は毛頭ない。その後、日本の文化は雑種であるとか基軸を欠いているとか、日本をさも特殊な国であるかのように説く言説が、反体制的な知的エリートからなされ続けてきたのはご承知の通りだ。しかし、文化はすべて雑種である。雑種ならざる文化はこの世に存在しない。思想的基軸が存在しないのは近代社会の特徴であって、何も日本ばかりのことではない。神が死んだとき精神的基軸もまた死んだのである。だからといっていまさら、イスラム原理主義のような基軸を羨む必要があろうか。

鑑三が同時代の日本を批判するときにどうしても抜けられなかった姿勢、あれほど欧米の金銭崇拝と利己主義を嫌悪しつつ、キリスト教を生んだ精神風土を基軸としてものをいう姿勢は、その後知的エリートの範例となった。私は鑑三の鑑三たるゆえん、鑑三の本当のおそろしさは、そんなところにはないと思っている。人間の生存意義を正面から問いかけるのが鑑三のおそろしさだと理解している。だから、正宗白鳥の次のような裁断ぶりをさすがだと感じないではおれない。「内村の後半期の事業は、再臨と復活を中心問題としたやうな聖書研究である。……この聖書研究は彼の一生の大事業と云ふべきで、社会罵倒録や、教会攻撃文や、人物評論や、戦争反対論などよりも、この聖書研究が、彼が世に残した価値ある作品なのだ」。「彼独自の新旧約聖書の研究が、彼の一生の本当の事業であり、他は詮じつめると、余技であり、余興であつたのではないか」。

『内村鑑三』を書いた一九四九年、白鳥は七〇歳であった。私のいまの年齢より一〇歳以上歳下であるが、むろん私など及びもつかぬ老熟に達していた。この一文は実に長い。もっと単刀直入にいえるところをわざと引き延している様子さえある。ここを打つと見せてかしこを打つのだから、鞭は長いほうがよい。彼はこの長大な文章で阿呆くさいこともいっている。鑑三が西郷や上杉鷹山を祭りあげたり、武士道を讃美したりしたのは彼の頭の古さであって、こんな古さは鷗外や漱石にもあり、当時本当に頭が新しかったのは諭吉だけだという。鑑三にはファシズムの傾向があったとさえいうのである。古い、新しいだけを問題にするならこの評言は当っている。だが、新しけりゃいいのか。すべてはかつての明治青年のハイカラ根性が吐かしめた世迷い言で、こんなときの白鳥は実に浅い。また、鑑三が知識人の懐疑癖を批判して、農夫や樵夫の素直な心性を賞讃するのに対して、農夫や樵夫を美化するのは幼稚で、「実在の彼等の多くは、愚昧で、悪ごすくて、迷信つよくて、信頼すべきものではない」というとき、確かに鑑三の民衆観の観念性を衝きえてはいても、彼自身の農夫・樵夫観も、村の旦那衆にふさわしい紋切り型にすぎなかった。

しかし、鑑三の信仰への評言はさすがに、文学で鍛え抜かれたしたたかさがある。鑑三がその威容を讃えてやまぬ山上の垂訓について、「それは心の中で敬服してゐればいい」ので、「生きるためには、これ等尊き教訓の裏を行くのも、神意に叶はないとは思つてゐない。……人生はそれほど薄つぺらではない」と書くとき、遂に抜かれた利刃の切れ味を実感しないわけにはいかない。

結局白鳥は「感情の激しい憎悪感の強い彼は、何かにつけて左様に大袈裟に考へたのである。罪の意識、生きる事についての不安の感じも左様に大袈裟なのであつた」といい、「彼が謂はれない罪の意識に苦しんでゐるのを不思議に思つた」と書くことによって、汝、十字架にかかりしキリストによる救いを信ぜざるやという鑑三の試問をあっさりとくぐり抜けてみせた。キリスト教には所詮日本人に合わぬところがあるのではないかともいっている以上、日本人には罪の観念がないというルース・ベネディクト流の批判に対して、そうだとしてどこが悪いと居直ったことになる。いかにもいつもの白鳥風であるが、彼もそうすることで鑑三の試問の一切を斥けえたわけではなかった。

この一篇を草するに当って改めて鑑三の全集を読みこんだ白鳥は、彼のキリスト再臨説と肉体復活説に激しくひきつけられたのである。白鳥はここが凄い。一九四九年という戦後的思潮のまっただなかで、彼は鑑三の反戦思想などには一顧だに与えず、鑑三晩年の汚点とさえみなされてきたキリスト再臨の信念に重大な意義を認めた。「キリスト再臨なんか考へるのは、狂的の考へである」という当時のキリスト教会一般の受けとりかたに対して彼はいう。「しかし、人間救済のために十字架に上りしキリストを信じる以上は、再臨を信じるのはあたり前の事で、奇矯でも何でもないのである。根本の一つを信ずれば聖書全体がそのまゝに信じ得られるのである。それを信じ了せないやうな薄弱な信仰なら、一そ一切を信じない方が、せい〳〵してゐていゝやうなものだ」。実に胸のすくような透徹ぶりではないか。

むろん彼は再臨の信仰を鑑三とともにしたのではない。再臨が待望されるのは、鑑三がそれを唱えた大正時代ではなく、堕ちるところまで堕ちた敗戦直後の今日であり、いまキリストが再臨すれば「原子爆弾なんか爪先ではじき飛ばし給ふであらう。戦災孤児や寡婦は安楽な境地に収容され、闇成金や収賄官吏などは、地獄の一圏に投げ込まれるであらう」と煽りながら、そうなって善人ばかりが残って「毎日善行美談を語り合ふのも、随分退屈な事になるのではあるまいか」と話を落とすのが白鳥なのである。つまり、信じてはいやしないのだ。

それなのに、どうして鑑三の再臨と肉体復活のヴィジョンに激しく心をそそられたのか。「しかしながら私は、基督再臨や肉体復活にしがみついて、その信仰から離れまじと努力してゐる一人の狂熱的信者の心境には、或種の同感を寄せ共鳴を覚えるのである。人類にはさういふ要求があるのだ。いつの頃からか、人類はさういふ要求を心に起したのである。死よりよみがへるといふ事を希望し、空想を逞しうするやうになつたのである」。だといって白鳥は、そういう希望が夢物語であり、砂上の楼閣にすぎぬことを言い添えずにはおれない。結局、彼にとって一番いいのはこの世に生まれてこなかったことなのだが、生まれてしまった以上は夢を見るしかなく、その夢が見甲斐のないものと知っていても、夢見ることができる人を羨まずにはおれぬのだ。「兎に角、キリストのマドンナは、青春の夢をそそのかすほどに美しかつた」。

白鳥は鑑三の試問をはぐらかしたわけではない。彼なりに答えたのだが、その答はつねに逆説的であり両義的だった。来世にせよ復活にせよ再臨にせよ、あるとも思えない癖に、あるという話には思わず身が乗り出してしまうのである。彼に一生つきまとった不安がそうさせたのだ。彼は永生の実現というヴィジョンには魅せられた。しかし、鑑三のメッセージの中核をなす部分には反応しなかった。あるいはわざと反応してみせなかった。

鑑三のメッセージの中核とは、生は義《ただ》しいものでなければ生きるに値しないという叫びである。おのれが義しい存在であるか、おのれがその中に在らしめられている世界が義しいものであるか、それこそ第一義の問題で、それ以外は第二義、第三義だというのである。彼の一生を導くのは、義しくありたい、そうでなければ自分は生きられないという、彼の魂から湧き出てやまぬ悲痛な要請である。

しかし現実には、おのれは義しいどころか悪念のすみかであり、世界は不正かつ醜悪である。汝はそれでも生きてゆけるのかと彼は私に問うのである。鑑三は青年期にありがちなこととして、義の欠如に悩んだのではない。六九歳で生を終えるまで、こうおのれに問い人に問うたのである。これはおそろしいことである。私が鑑三の前に立ちどまるのは、この問に震撼されるからであり、ほかの理由からではない。

鑑三には日本人には珍しく、絶対の義しさを求める心があった。絶対の義しさは唯一無二でなければならない。それゆえに彼は少年の日、八百万の神のどれに義理立てすればよいか悩んだのである。ふつう日本人はそんなことに悩みはしない。異常な少年といってよいが、義を倫理上の要請とするだけのことなら、古き日本人のたしなみのひとつだった。西郷は義を貫くためには国は滅んでもよいといっている。小楠もおそらくおなじ考えであった。国だけのことではない。それはおのれを律する基準でもあって、それゆえ西郷はおのれを愛するのはよろしからずといった。

だが、おのれを愛さぬというのは徳目であり律法である。鑑三にとって律法・道徳は、それを完全に行うことは不可能たる事実によって、おのれの罪を自覚させるものである。「われかつて掟なくして生きたれど、戒め来たりて罪は生き、われは死したり」とパウロのいうごとくなのだ。鑑三は道徳・律法は絶対的な義の欠如を逆に照らし出すものにすぎぬという。自然な人情というものがあるではないかといい張る者を、人情とは動物性にすぎず、堕落の底にあっても維持することができ、かえって嫉妬や情の奪いあいに人を導くものだと冷たく突き放す。

義しからざる人の世に失望した者は自然に慰藉を求める。ところが鑑三にとって、自然こそまさに悪の跳梁するところなのだ。「天然は美なれども、それは表面だけのことである。一歩深くその内に入れば、醜怪、混乱、残骸、争闘である。百花うるわしく咲きそろうくさむらの中に、恐ろしき生存の戦い、殺伐なる弱肉強食がおこなわれている。彼らはすべて、おのれよりも弱きものをしいたげておのれより強きものにしいたげらるるの悲惨なるありさまにある」（『ロマ書の研究』第三九講）。義が欠如しているのは人間だけではない。自然もまた義を欠き堕落しているのだ。人の世に義はないという鑑三の呻きは、このような異常なほど深いレベルで発せられていることを忘れてはならない。

人間はおのれの努力や粉骨砕身でこの世に義をもたらすことはできない。克己修養によっておのれを義とすることもできない。この世に義あらしめ人を義とすることができるのは、それ自身完全な義としてある神のみである。鑑三はキリストによって義とされる託身の途を往く。それはキリスト信徒の常道である。尋常でないのは鑑三が次のように説くことである。

キリスト教は信徒に救いや安心《あんじん》を与えない。だから宗教ではない。それは十字架のキリストを信じることによってのみ汝は義とされるという啓示なのだ。だから信仰を得るというのは、義のために戦う患難の生涯を覚悟することである。『基督教問答』の中で、神が特定の者を救済するように予定するのは不公平ではないかと問われて、彼は次のように答えている。それは「予定の歓ばしき半面のみを見て、辛《つ》らき困《くる》しき半面を見ない者であります。……世は未だ嘗て予定された者を見て其人を羨んだことはありません。否な、反《かえつ》て神に予定されざるは従つて彼を予定した神の不公平を唱へたこともありません。否な、反て神に予定されざることを以て大いなる幸福と信じて居ります」。

何たる強弁か。しかし彼の念頭にあったのは、神に選ばれないことを幸いとする当時の日本人だった。肝心なのは、神はこの世をただす義戦の戦士を選抜徴募しているのだと彼が信じたことである。そんなものに諸君は選ばれたくないだろうというのは、現世の利益しか信じない日本人への彼の皮肉である。然り、キリスト信徒たることは神の起こす義戦の戦士として徴募されることだと、鑑三は確信しているのだ。

今日の日本人は義戦など考えただけでアレルギーを起こす。義戦であれ聖戦であれ、十二分に懲りているのだ。むろん鑑三が求めたのはいわゆる戦争ではなかった。その点では不戦論者で彼があったのは周知の事実に属する。彼のいう義戦とはキリストを宣布することである。その宣布を妨げる者と戦うことである。不信の徒を弾劾し裁くことである。弾劾し裁く者は逆に世間から嫌われ見捨てられる。すなわち患難を蒙る。それが信徒たるものの歓喜だと彼はいう。まるで一六・七世紀に来日したイエズス会宣教師ではないか。彼らは人間として義しいありかたはキリスト信徒たること以外にはないと信じ、そのありかたからはずれた異教徒を改宗させるために身命を賭した。すなわち聖戦の戦士だったのである。

現代日本人はこのような義戦を嫌悪する。鑑三が考える義戦はガンジー流の非暴力的抵抗なのだとわかっていても違和感を抱く。なぜなら絶対的な義しさなどありえず、時と処によって相対的な正義があるばかりだと教えられたからである。絶対的な価値をおしつけたり、それによって人を裁くなど、もっての外なのだ。絶対的な義しさなどを求めるよりも、相互に異なる価値観を認め合い、話し合いと妥協によって、この世を何とかよくするように努めるほうがいい。いやそれしか途はない。おたがい生活と社会を改善するねがいがある以上、相互の違いを認め合った上で連帯し工夫すればよいのだ。人間の幸福こそ大事なのだ。義を求めるなどまったく無益のことである。

しかし、現世の幸福に役に立つかどうかが一切の関心事である点に、同時代の日本人の致命的欠陥を見ずにはおれぬ人が鑑三なのであった。大正六年にこう書いている。

「人は如何にして神の前に義たるを得ん乎、是れ日本人に取りては没交渉の問題である、如何《どう》でも可《よ》い問題である、今日の日本人に取り最大の問題と云へば生活問題である、而して之に伴ふ経済問題と政治問題、外交問題と殖民問題、教育問題と倫理問題、其他すべてが肉に属する問題である、地上の問題である、人と人との問題である、如何にして活きん乎、如何にして社会に認められん乎、如何にして世界的勢力たるを得ん乎、今日の日本人が其全注意を払ふ問題はすべて是れである」。

殖民問題ひとつを除けばすべて、今日の日本に該当する言葉であることに私はおどろく。鑑三の言葉の射程はこのように長い。今日いわゆる論壇やメディアで論じられているのは、収入の格差増大、円高による産業空洞化、高齢化に伴う福祉問題、国内総生産の世界三位への転落、経済成長の回復等々、まさにみな俗世の話ではないか。俗世に生きるしかないわれわれだから当然とはいえ、考えてみるとすべてお金の話なのだ。

人生の問題は九割までお金で片づくと信じている私も、それで片づかぬ一割が一番大切で一番難しい問題であるくらいは承知している。政治・法律・経済・福祉・健康といった面で、適正、快適、便利、安全でありさえすれば、人はそれ以上望むところはないのだろうか。人としてこの世に在らしめられている以上、生きる上での問題は九割九分まで俗世の領域に属することは認めても、なお一分の残余が生じ、その残余こそあとの九割九分の存在意義を左右するのではなかろうか。その残余とは、それが神であろうと何であろうと、われわれの上に在ってわれわれの生を照らす大いなるものの光ではなかろうか。

私はもともとこんな問題を考えるのは不向きなのだ。信仰はむかしから苦手である。鑑三が私を叱咤するものだから、こんなもたもたした議論をせねばならぬ羽目に陥っているだけだ。しかし、彼の叱責が不快なら、それにつきあうこともない。白鳥は彼を「旧約の預言者見たいな型の人物」だという。たしかにそんな気もするが、彼は預言者たちよりずっと、おのれの悪と愚に苦しんでいたと思う。

チェーホフに『妻』という作品があり、私ははたちをちょっと出たころに読んで深い印象を刻みこまれた。主人公は友人たちから嫌われ、自分が大好きな妻から特に嫌われている。というのは、人がすることが不完全に見えて介入したくなる癖があるからだ。他人事ではないと思って、若い私はいやな気分に陥った。大好きな女にまで嫌われたらかなわない。鑑三は六〇歳のときにこう書いているそうだ。自分の生涯を顧みて悲しいのは、人に愛されなかったことだ。骨肉・親類に嫌われ、教会人に嫌われ、弟子、それも特に俊才に嫌われ、「甚だしきに至ては出入の商人職人にまで嫌はれた、余に何か厭らしき所があるに相違ない、此事を思ふて余は或時は悲しくて耐らない」。あとは人に嫌われたのはよいことだった、それゆえ神に追いやられたのだからと続くのだが、それはもうよろしい。私はこの悲しみに共感する。こんな悲しみを抱いていた人の言なら聴いてもいいと感じる。

だが、どう叱咤されようと、私は十字架におけるキリストの贖いなど信じようがないのである。私を義としてくれるのが神だとも思わない。キリストが再臨するとき、不義なる世界は自然も含めて義なるものとして再創造されるといわれたって、生命科学を学ぶ限り、そんなことが寝言であるのは明らかである。これはどうしようもないことであって、私ばかりのことではあるまい。

だが私は「大いなる母たる宇宙万物」が、神の子たちを生んで自ら救済されんために、「うめきて、産の苦しみをなしてゐる」という鑑三のヴィジョンにうたれる。「おおかみは小羊と共に宿り」「乳のみ子は毒蛇の洞にたはむれ」るイザヤのヴィジョンに感動する。白鳥のいう「夢物語」に違いなくても、そういうヴィジョンなくしては、この世に生きる甲斐がないと思う。キリストの僕《しもべ》たれという鑑三の告示には従えなくても、告示の背後にある彼の呻きには動かされる。

私は神を信じぬ少年の日から、人間には、栄達したり成功したり、業績を残したり名声を得たりすることとは関係のない、何か使命のようなものを与えられているのだと、ぼんやり感じていた。義がこの世の一隅にであれ存在してほしかった。コミュニズムは鑑三が考えていたような近代物質主義の極北なのではない。それは一種のメシアニズムなのである。だからこそ少年の日の私をとらえた。青年鑑三は渡米してみて、アメリカにすりがいるのにおどろいた。何にでも鍵を施す習慣におどろいた。キリスト教国は善人のみ住む天国と信じていたからである。日本のコミュニズム信者も社会主義国を一種の天国と思いこんでいた。そういう妄信から解き放たれたとき、人はどこへ向かうのだろうか。林語堂は欧米人の子どもっぽい理想主義を滑稽に感じて、人生には、朝起きて喫する一杯の粥の与える満足といったもの以外、実《み》のあることは何もないのだよと説いた(『支那のユーモア』)。おそらくそういうことなのだろう。しかし、一杯の粥の与える満足とは何なのかと考えるとき、林のいうのはたんなる俗世の満足につきるものではなく、何かそれを超越する満足をも含むものであるように思われてならない。

一杯の粥によって始まる朝の穏やかな浄福に浸されるとき、人は俗世における野心や競争や利害から束の間超越しているのだ。欲念や憎悪や孤独からふっと解き放たれているのだ。街角でさして来る斜光を浴びて一瞬世界が変貌したり、空を圧する密雲の切れ目に一筋塗られたコバルトを見出したりするとき、現世を超越していま在るという思いは偽わりではない。義しいか義しくないかも、最早問題ではない。自分が悪念のすみかであろうと、世界が歪んで不正に満ちていようと、何か自分を超えた大いなるものが自分の前に、束の間顕われたのであることは、そのときの自分の感覚が保証している。幻覚でもなければ宗教的体験でもない。ただ、人も人の世も自然もすべて悪であるという紛れもないリアリティが一瞬反転して、大いなるものが存在して自分を生かしめてくれているという、別なリアリティが顔をのぞかせただけなのである。

それは存在の理法といってもよい。鑑三が嘆いた自然界の弱肉強食とは、生態系を成り立たしめている食物連鎖のことにほかならない。食物連鎖は強者が弱者を喰らうたんなる悪ではない。それぞれの生物種を共存せしめる生態系の理法である。神の理法ではない。神の理法とは悪を悲しむ人間の思いついた理法である。生態系の理法は実在それ自身が試行の末に生んだ理法である。団まりなによれば、細胞は意志をもつという（『細胞の意思』ＮＨＫブックス、二〇〇八年）。しかし、それは生きたいというだけの意志である。それだけの意志が多様な種の共存システムというおどろくべき仕組みを作りあげた。生物だけではない。テオドール・シュベンクの『カオスの自然学』(工作舎、一九八六年)に収められた写真を見ると、水や風の流れが作り出す砂の形象が樹木の形をし、さながらフォーヴィズムの絵画といってよいのに驚愕せざるを得ない。

このような実在であるから、われわれが利害と悪念と孤独に囚われながら、おのれを超えた大いなるものを感知するのは当然ではないか。そして最も大事なのは、この世の利害から悩みからふっと解き放たれるのは、自分が望んでそうできるのではないということである。それはどことも知れぬ自分の外から、思いもかけぬときにふっと訪れるだけなのだ。ついにわれわれは絶対他力の問題に逢着した。

鑑三は信仰は自力によるのではないと、くどいほど度々強調した。自分が望まないのに、いやいやながら神に召されるのだ、救いはそういう形でしか訪れないのだとさえ語った。すべては神の計らいで、人の計らいではないといった。おのれの計らいにあらず、自力によるにあらずとは、われわれ日本人は聞いたことがある。然り、親鸞がそういったのである。この点での考えかたでは、鑑三はまったく親鸞と一致している。極重悪人という親鸞の愛用句さえ用いていて、人間の罪人としてのありかたについても、彼は親鸞と考えが距たっていない。なぜ伝道するのかと問われて、キリストによって歓喜を与えられたことへ感謝をあらわすためと彼は答えている。親鸞の仏恩報謝とまったくおなじではないか。

しかし鑑三は、キリスト教の神は阿弥陀様のようなすべての人を許すような、甘い宗教ではないと主張した。われは地に平和をもたらすために来たらず、というわけである。真宗がすべての罪を許す甘い教えだというのは、当時の真宗教団の一般的なありかたからそういえても、親鸞その人の考えについてはいえない。マナリズム化した教団の教えを批判の対象とするのなら、キリスト教といえどもすべてを許す甘い愛の宗教だといわざるをえまい。親鸞がそんな甘い阿弥陀の愛を説いたのではないのは、こと信に関しては息子を義絶した一事でわかる。かの御影と伝えられる顔貌を見よ。眉尻ははねあがり、顴骨はとび出ている。

もちろん、鑑三の神と親鸞の阿弥陀はかなり異るようである。だが、義とせられるはずのないおのれが義とされるとすれば、その働らきは自分の内からではなく外から来るに違いないという一点では、この二人は不思議なほど一致しているように思われる。外から来るといっても、鑑三の場合パウロ的な十字架のキリストの神学にもとづく壮大な組み立てがあるのに対して、親鸞の阿弥陀さんにはそんなものはなさそうである。鑑三の神が明らかに実在の外に立つのに対して、親鸞の仏は全実在そのものの化身であり、場合によっては山河の姿をとって顕われるような気がする。もちろん私が気がするだけで、これが正しい親鸞理解だというつもりはまったくない。誤りなら誤りでよろしい。第一、私がこんなことを議論するのが滑稽の至りである。ただ神も仏も遠い現代人たる私にも、実在が大いなるものの形をとって、ふっと訪れてくることがあるといいたいだけだ。それは吹いてくる風でも、さしこむ光でも、空をゆく鳥でも、そこいらを跳びはねる蛙でも、野に立つ農人の姿でもよいのだ。おのれも他者も是とせられているとそのとき感じ、是とされるのはおのれの計らいではないと知るのだ。

鑑三にとって、女はおのれが義であるための妨げであったらしい。なるほど、原始教会における女の働きはたたえているものの、結局はおのれを堕落に誘いこみがちなわなと感じていたようだ。しかし、男にとって女は経験すべき実在の一端である。絶つに如《し》くはない煩悩ではない。斎藤茂吉は手紙の中で、恋人のからだを讃美して、文学者にもあるまじき低劣と嘲られた。これは嘲り咎めるほうが間違っているのだ。それが公表される文学表現なら、その「低さ」を咎めてよろしい。しかし、茂吉の場合は私信である。

恋人のからだに溺れそれを讃美するのは、茂吉を咎める者自身が私信には書かずとも身に覚えのあることである。茂吉の私信を嘲るのは蝮の畜の仕業だ。毎年きまって花を咲かせる樹々とおなじく、女のからだは大いなる実在の一端で、両者が与えてくれるよろこびに差異はない。

どうして花を賞でるのが高尚で、女のからだを賞でるのが「劣情」なのだろう。前者は罪に導かぬのに対して後者は罪を生むというのなら、結婚もできはしない。事実、中世の教会は結婚を是認するに当って、交合は子を生むために仕方がないが、それからよろこびを得てはならぬとした。鑑三にもいくらかその気味があったようである。異性への恋情なんて、嫉妬は伴うし永続はしないし、けっしてよろしいものではないと考えたようである。しかし、イワン・ブーニンははかないはずの恋に一瞬永遠が舞い降りる相を描いた。それも七〇を越えての連作においてである。若き日の感激ではない。老い果てた末の啓示だった。パステルナークはジヴァゴとラーラの愛が、野と山と花と木々によってことほがれたと書いた。これも彼の晩年のことであった。

鑑三は男と女との間には真実のつながりは成り立たぬと考えた。男と女どころか、人と人との間をつなぐものはないと考えた。人情でつながろうとするのはその本性を知らぬからだといった。人は神につながれるほかはない。神につながれ、神に媒介されることによってのみ他者とつながることができると図にまで描いて説いた。私もむかし似たことを書いたことがある。ただし私は、人と人とは直接つながることはできず、おのれを超えた大いなる存在を覚知できて初めて、その存在に媒ちされてたがいにつながることができると書いた。神仏なき私はその大いなるものに、山河の形をとって顕われる実在を宛てるしかなかった。パステルナークには信仰があったかもしれないが、やはりそう考えたからこそジヴァゴとラーラの愛を山河が是認したと書いたのである。実はそういう考えを私は、パステルナークから吹きこまれたというのが正しい。

人間は大いなる実在の一部であり、そのことによっておのれの悪に呻きつつも是とされるというのは、神仏なきおのれの窮状を糊塗すべくひねり出された小理屈ではない。おのれの計らいではなく、そのような感覚がふっと外から訪れるのである。そのような訪れはおのれが世にあることを是認してくれるが、おのれの卑小さもまた啓示してやまない。鑑三は神によって義とされるとはおのれを打ち砕かれ愚かにされ無能にされることだといった。親鸞は自ら愚禿と名乗った。イヴァン・イリイチは机上に、頭部をロバに描かれた初期信徒の像、すなわち愚者としてのキリスト者の像を飾っていた。

信仰こそ肝心要めであって、それを欠いた社会改良運動が実を結ぶことはありえないと、鑑三はしばしば説いた。今日、世の中を何とかましなものにしたいと念じて、あるいは今日の日本は危機にあると感じて、様ざまに議論し様ざまな試行に身を投じている人びとは、まず何よりも人間を超えた大いなる実在を覚知せしめられて、世界は人間のために在るのではない、愚かなる者である人間は世界から許されて存在しているのだ、と知ったからこそ、そうしているのであってほしい。でないと、一切の議論も試行も、ただそのときどきの空騒ぎに終る。それにしても、鑑三の試問に私がパスしなかったのは明らかである。それでよろしい。ただ、愚かであれるかという問にはパスしたい。鑑三の試問はもう忘れて、明日からは自分の仕事に戻らねばならぬ。もちろん賢者としてではなく、一個の愚者としてそうせねばならぬ。

付録　〈対談〉独学者の歴史叙述

——『黒船前夜』をめぐって×新保祐司

新保祐司（しんぽ・ゆうじ）
一九五三年五月一二日、宮城県仙台市生まれ。文芸批評家・都留文科大学教授。一九七七年、東京大学文学部仏文科卒業。著書に『島木健作　義に飢ゑ渇く者』（リブロポート）、『内村鑑三』『批評の測鉛』『日本思想史骨』『信時潔』（いずれも構想社）、『フリードリヒ　崇高のアリア』（角川学芸出版）、『異形の明治』『「海道東征」とは何か』（いずれも藤原書店）など。二〇一七年、それまでの言論活動が評価され、第三三回正論大賞を受賞。

――本日は、新保祐司さんが渡辺京二先生のファンで、とにかく一度お会いしたいということで、こういう場をもちました。お会いいいただくだけでは勿体ないので、少しお話をしていただければと思いました。新保さんの方から簡単に自己紹介をしていただきながら、お話し下さい。（司会＝『環』編集長）

肉体をもった文体による思想史

新保　お会いできただけで光栄です。先生、このたびの『黒船前夜――ロシア・アイヌ・日本の三国志』での大佛次郎賞のご受賞、おめでとうございます。

以前から先生の著作を拝見しておりまして、『逝きし世の面影』『神風連とその時代』といった単行本はもちろん、とくに二・二六事件についての文章（「反乱する心情」『二・二六事件とは何だったのか』藤原書店、所収）や、最近『正論』（二〇一〇年一一月号）に書かれた三島由紀夫についての「男の意地」、昔のものでは橋川文三さんの著作集の月報に寄稿された「悲哀と放棄」といった短いエッセイ（『隠れた小径　渡辺京二評論集成Ⅳ』所収）なども非常に感銘深く読ませていただきました。精神史や思想史にしても、一般的に学者の書く文章というのはつまらないものが多いのですが、先生のものは、何より文章がすばらしいと思います。

少し自己紹介を致しますと、私は、文芸批評を独学的にやってきた者です。もう二〇年ぐらいになりますが、デビュー作としては、『内村鑑三』（構想社、一九九〇年）という本から出発しました。

渡辺　きっと、僕もあなたの書いたものを読んだことがありますよ。『環』にお書きになったものかな。

新保　『二・二六事件とは何だったのか』（『環』二四号の特集を単行本化したもの）に私

も書いています（『正気』の発現」）。

渡辺　読んだのは、確か内村鑑三についての文章で、『ロマ書の研究』とかいうのを読まなくちゃダメだと思ったことがある。いや、これから勉強させていただきます。

新保　おそらく読んでいただいたのは、粕谷一希先生との対談（「批評とは義憤である」『環』三五号所収）だと思いますが、大変ありがたいです。

簡単に申しますと、内村鑑三について書いた後は、波多野精一（『批評の測鉛』構想社、一九九二年）、村岡典嗣《つねつぐ》（『日本思想史骨』構想社、一九九四年）などについて書きまして、宗教と文学の間の尾根を歩いているような感じで、文学そのものにはあまり興味を持っていません。どちらかと言えば、今の関心は思想史、精神史といったものに向いていて、最近では「海ゆかば」の作曲家の信時潔《のぶときき よし》という人について書きました（『信時潔』構想社、二〇〇五年）。「海ゆかば」は、戦後において封殺されてきたわけですが、そうした真の価値を復権させるようなことをやって参りました。

橋川文三さんという実に鋭い方がいらっしゃいますが、私のイメージの中では、先生のお仕事は、橋川さんの流れを引き継ぐものであると受け止めています。私自身も、できれば、そういう流れの中でお仕事を引き継いでいきたい。橋川先生も、先生も、共に文体のある思想史家ですね。文体のない思想史家は山ほどいますが、文体と肉体を持っている文章で思想史をやられている方として、橋川先生と渡辺先生がいらっしゃる。そうした系譜の存在を感じておりまして、今日はぜひいろいろお話を伺いたいと思っております。

橋川文三の継承者として

新保　ところで先生は、「敗戦の時中学三年生で、皇国イデオロギーと明治の新体詩しか頭になかった私などは」と書かれていますが、やはり大変な文学青年でいらっしゃったのでしょうか。

渡辺　いやいや。終戦の頃なら多少は読んでいましたが、しかし文学書に目を開いたばかりで、ですから本格的に読んだのは終戦後になると思いますね。

新保　先生の文章の深さというのは、ご自身としては、文体に相当苦労されて書かれているのか、あるいはおのずから出てくる感じなのか……。

渡辺　僕は、中学生の頃から文章は書いていたんですが、最近一六〜一七歳頃に書いたものが出てきました。それを息子にパソコンに入力させたんですが、年の割にませてはいても、文章は平凡も平凡。何の才能もない。文章を見ただけで、才能ゼロというのがわかるような文章でした。ですから、口は達者で、年の割には難しい言葉を使ってませた文章を書くのだが、いま読んでみて、例えば初期の文章をまとめて本にしようとしても、入れられるようなものは全くありません。ということは、才能は全くなかったのだと思います。

僕が文体ということを意識し出したのは、中野重治からですね。中野重治の名前はもちろん大連時代から知っておりましたが、戦後になって、私自身が共産党に一七歳で入ったんですが、まず中野重治につかまって、中野さんを真似た文章を書いたりもしました。とにかく最初に文体ということを意識したのは、あの人からです。

文章に関して次に影響を受けたのは、花田清輝ですね。その次は吉本隆明さん。吉本さんには止めを刺されたようなものでした。そこには当然、谷川雁さんもいらっしゃったわけですが、雁さんのようなあんな、華やかな文章は、僕は最初から書けないなと思っていた。むしろ吉本さんの文章を読んで、ああいう解析力というか……それは一つの感性でもありますが、こういうところまで行けたらと思った。別に行けやしないんですが。若い頃は吉本さんのお宅に入り浸っていて、あの方は、僕より六つしか上ではないんですが、「僕には吉本さんみたいな方がいますから、影響を受けちゃって自分のが書けません」と言ったら、言下に「あなたは、僕と比較するのはまだ早い」と言われました（笑）。その吉本さんや谷川雁さんが当時の思想界のトップを走っていて、僕もそこから大いに学びましたが、ただ僕自身の資質としては一番近いのは、橋川さんだと感じておりました。

橋川さんの書くものには非常に親近感があった。親近感だけでなく、あの人の文章には哀感と抑制がある。読んで美的で、美的に満足を覚えた。しかし僕には、小説を書くといった想像的な傾向が全くない。ないので、勉強して、勉強した結果を書くしかない。しかし勉強した結果を書くほかないにしても、いわゆる学者の論文は書きたくない。僕は学者にはならない。なぜかと言えば、学者は一つの分野をやり続けなければならない。こんなに面白いことがたくさんあるのに、一つの分野だけに絞ることなどできない。だから学者には最初からなれない。その根気もない。だけど自分の勉強したことを書くほかない。ということであれば、やはり橋川さんのようなスタイルが自分に一番訴える。これなら自分もやれるかもしれないと。

僕は、橋川さんはずっと読んできましたが、口述筆記をしたことがあるんです。

新保　ええ、そのことを橋川文三さんの著作集の月報に書かれていますね。

渡辺　橋川さんが『日本の百年』（筑摩書房）というシリーズの中の一巻を、引き受けられたんですが、いつまで経っても書かないんですよ。書かないから、口述筆記者を雇ったらどうかということになった。その口述筆記に何で僕を雇ってくれたかというと、谷川雁さん兄弟の末っ子に谷川公彦（現・吉田）という人がいるんですが、この人と知り合いだったからです。公彦さんは、当時『日本読書新聞』の編集者で、橋川さんとも知り合いで、おそらく彼が推薦したからではないかと思うんですが、とにかく一〇日間くらい通って口述筆記をしました。そういう御縁も、橋川さんとはありました。

要するに、僕には、谷川さんのような天才性も、吉本さんのような解析力や論理力もない。ただ、橋川さんのようなやり方なら、自分が読んで学んだことを、いわば一つの作品としての論文のようなものにできるのではないかと思った。

若い頃に書いた僕の文章は、「橋川さんのようであればやれるぞ」という感じで書いてきたものです。僕は、朝日新聞の赤藤了勇さんに言ったことがある。彼は、明治大学で橋川さんの弟子で、僕の『北一輝』を出してくれた編集者ですが、彼とは親しくしておりましたから、彼に「橋川さんの正統を受け継ぐのは俺だぞ」と言ったら「そのとおりじゃ」と。

新保　すべて読んでいるわけではありませんが、私も直感的にそう思ってきました。

渡辺　そう言っていただくのは、ありがたいです。

独学者ゆえに書ける歴史叙述

新保　橋川さんは、「我に何者ぞと問うや。しからば答えん、余は独学者なり」ということを書いています（『日本浪曼派批判序説』増補版「あとがき」）。

渡辺　それはソレルの言葉ですね。ソレルの『暴力論』から引いている。僕も全く同感です。

新保　橋川さんと渡辺先生に共通しているのは、深い意味で「独学者」だということです。形式的・制度的な学問ではなく、『黒船前夜』でも、まさに漂流民というのがポイントになっていますが、文化の漂流民のように流れて、漂着したところのものを取り上げる。そうした自由さと偶然性を生かし切る独学者ならではの逞しさがある。学問があまりに制度化・体系化した今日において、そうしたところにこそ、橋川さんや先生のユニークさがあります。

渡辺　橋川さんは、おそらく小説を書こうと思ったら書けた方だったでしょうね。文学性の濃い方で、文学に対する理解という点でも非常にレベルが高かった。文学を一つの軸にした歴史、思想史が書けた。だから三島由紀夫が惚れたんですね。三島が学者の中で文章が書けるのは橋川一人だ、と言ったんです。僕も文学をやりたくて文学者になれなかったわけですから、そういう文学に対する自分の思いが、歴史を書くことにつながっている。そういう点では、橋川さんと似たところがあるかもしれない。

新保　歴史叙述ですね。『黒船前夜』も歴史叙述ですが、これこそ、文章表現として最も質の高いものであるべきです。日本では、下らないものであっても小説の方が上だと思われがちですが、本来は、歴史叙述こそ、最高の知的表現であって、大佛次郎もそれを『天皇の世紀』でやったわけです。ですから、今回の御本は、久々に大佛次郎賞にふさわしい作品であったと思います。

渡辺　いやいや、そんなことはないですよ。

新保　対象がないので小説にも与えたりしていますが、単なる論文、あるいは小説や物語ばかりで、大佛さんがイメージしている歴史叙述、ある意味で、この最高の知的行為がいま非常に貧弱になっている。

渡辺　見識というか、鑑賞眼というか、読書あるいは自分の文章を書いてきたという修練の中で、やはりそれなりのものを持たないと、そういう歴史叙述にはならないですね。名前を挙げたら悪いですが、歴史を素材にして、いろいろ続き物を書いて、今の読書界に訴える面白いものを書ける人はいる。そういう方はそれなりの勉強もしていらっしゃる。けれども、そういう方が例えば日本の現状について発言しているのをみると、なんてことはない。新聞の論説委員が書くようなことしかおっしゃらない。一つの透徹した自分自身の歴史哲学というか、「人間とは何か」ということについての見極めなどは持たずに、面白く、華やかな歴史物語を書く方はいらっしゃいますが、新保さんがおっしゃるように、歴史叙述は最高の知性がやるべきだということには日本はなっていない。しかし、ヨーロッパには、そういう伝統がありますよね。

新保　そうなんです。

エピソードの拾い方

渡辺　自分のことを言うとおかしいですが、私はなるべくそうしたい。そうしたいんだけれども、最も大事なのは、エピソードをつくらなきゃダメだということですね。

新保　そうなんです。今それを言おうと思っていたんです。先生はエピソードの拾い方がすばらしい。

渡辺　変な話だけれども、それは、ジャーナリスト、インタビュアーとしての修練なのよ。人の話を聞いて筆記をする場合、僕が若い頃は録音機材などない。あるにはあったが、あまりに大きくて、とても提げていくわけにはいかない。だからメモをとる。吉本さんがマルクスについて講談社から本を出した直後に、一度、インタビューをしたことがありましたが、まとめて持っていくと、「これで結構です」とそのまま通った。つまり、人の話を聞いて、どこに話の中心があるのか、それを聞き分けるジャーナリストとしての能力には自信がある。僕は自慢することはあまりないけれども、吉本さんの話をまとめて、何の修正もなく一発で通ったことだけが人生で唯一の自慢なのよ。

新保　本当の歴史家は真のジャーナリストだ、とよく言いますが、その通りですね。

渡辺　ですから、エピソードを拾うというのは、人がしゃべっているわけだから、その中からどれをとるのか、それが何を意味するのかを考えることです。この『黒船前夜』も、いろいろなエピソードで書けたわけですが、アイヌの女たちが、自分と関係のあった日本の男が帰ってしまっても、舟を漕ぎながら「構わん、構わん、次にまたつくるから、見つけるから」といった意味の唄をうたっている。こんな面白いエピソードを誰も使っていない。ひょっとしたらどこかで使われているのかもしれないけれども、僕が知るかぎりでは、どこにも見当たらない。

それから、松浦武四郎という探検家が、一人暮らしのアイヌの女のところに泊まって、アイヌの通訳と「今夜、夜這いに行こうかな」と話していたら、日本語なんかわからないだろうと思っていたその女がちゃんとわかって、「やめて下さいませ」といわれて赤面する。あのエピソードも誰も使っていない。何で使わないのか。僕は、こういう手法をホイジンガの『中世の秋』、あるいはブルクハルトの『イタリア・ルネサンスの文化』に習った。ヨーロッパでは、こういうものこそ歴史書であって、日本の学者が書いているようなものは研究書にすぎない。あんなものは、歴史叙述として認められないですよ。

新保 そうです。

渡辺 ヨーロッパと日本が違うのは、そこなんです。ただ日本も、戦前の歴史家はみんな文章が上手。これは漢文の素養から来ている。もちろん学者だからそんなエピソードを書くわけではないけれども。ところが戦後の歴史家というのは、何と言ったらいいのか……。とくに日本史では、史料を生で延々と引いて、マルクス主義の教条でスコラ的論議をやる。通読にたえません。

新保　『黒船前夜』の「あとがき」で、「歴史という物語を編む楽しさが捨てがたい。史料からエピソードを拾い出す楽しみといってもよい」と書かれていますね。史料とエピソードは違う、と。

渡辺　西洋の歴史家は、そんな史料を生では使わない。だから読める。西洋の歴史書は、相当専門的な本でも、例えばマルク・ブロックの『封建社会』にしても通読可能です。ところが日本の歴史家のものは、努力して読もうとしても通読不可能。日本の歴史家には、「物語がなければいけない」という意識がない。戦前まではあった。戦後の科学的歴史主義でそうなってしまったのか。

新保　しかしそれは、単に文章がうまい、下手だという、そういう表面的なことでごまかせる問題ではないですよね。もっと根底的な問題であって、先生のこの本を読んでいても、人間像が感じられます。この中で一番面白かったのは、奉行、荒尾但馬守成章《しげあきら》です。

渡辺　あれは大したものだ。

新保　最後のゴローヴニンのところで出てくるんですが、この奉行の描かれ方。

渡辺　老中は馬鹿だけれども、奉行クラスには、優秀なのがいっぱいいる。

新保　優秀なだけでなくて、人間的にもユーモアがあって、公正さもある。

渡辺　江戸人は、ユーモアのセンスに富んでいた。

新保　加えて、先生は、そこには普遍主義があると書かれている。儒学的普遍主義だ、と。

渡辺　そうなんですよ。

新保　『逝きし世の面影』が評判になっても、やや面白くなかったのは、誤解されて読まれてしまったところもあることですね。

渡辺　「日本いいよ、日本いいよ」という本だ、と。

新保　そうではなく、普遍主義というか……。

渡辺　というよりも、それ以前に、僕はある意味で「日本人」じゃないんです。日本人であることは間違いないけれども、昨日も、大連一中の同窓会で、「君が『逝きし世の面影』を書けたのは、大連にいたからだよね。引揚者だから書けたんだ」と言われた。全くその通りなわけです。これは、日本人の書き手として、日本人がこんなによく書かれている、嬉しいな、という本ではない。むしろあえて言えば、西洋人の立場から、日本は面白い、と書いた本だと思う。使った文献からしてそうですから。日本を褒めたって、悪く言ったって、日本がどうかなんてどうでもいい。要するに人類史の一つとしての日本人、人類を代表している日本人なんです。そういうものとして読んでいかないと面白くないし、また単に面白いエピソードを並べるだけでもしょうがない。そうしたエピソードを自分自身の時代把握の中でどう配置するかが重要です。

ただ、そうは言っても、エピソード自体に、自分自身が目を開かされることもある。「へえ、こんなだったんだ」と。例えば、対馬の記録にあったエピソードで『江戸という幻景』に紹介していますが、対馬の殿様が、遊びで馬に乗って領内を走っていると、川で子供たちが遊んでいる。その子供たちは初めて殿様を見たので、びっくりして見上げて、対馬の言葉で何と言うか忘れましたが、熊本弁で言えば「ぬしが殿さんや」と言うわけですよ。そうしたら殿様以下、みんな大笑い。無礼者にならないわけです。昔の領民というのは、殿様といえば這いつくばってといったイメージでしょう。ところが、こういうエピソードを見ても違うわけです。

菅江真澄の旅行記を読んでも、各城下町で領民が、殿様はありがたい、ありがたいと本気になって殿様を祭っている。こういうエピソードから考えなければいけない。もちろん、形だけ殿様を奉っているんだ、といった解釈は、つけようと思えばいくらでもできる。しかし、そんな解釈ですべてを覆ってしまったら、結局、エピソードなどすべて捨ててしまうことになる。エピソードから考える、ということをもっとやってほしい。

時代の臨場感——物語、批評、歴史

渡辺　新保さんは、内村鑑三をやるというのは、一種のリゴリズムというのか、ピューリタニズムが今の文化には欠けていて、しかし何もピューリタニズムだけがいいというわけではないけれども、そういう柱、そういう思いが一方にはないと他の文化もダメになる、というお考えなんですか。

新保　そういうことです。

渡辺　なるほど、そうですか。

新保　結局、「塩」ですね。「地の塩」という言い方がありますが、塩がなければ腐ってしまう。今の日本の文化は、砂糖的な文化ばかりです。もちろん砂糖もあっていいのですが、この地上が腐らないためには塩が要る。先生がこういう本を書かれているのも、一種の「地の塩」としての仕事だ、と受け止めております。

渡辺　まあ、そうおっしゃっていただくのは、ありがたいことですけれども。ただ僕は、日本の文化的状況の中で、自分の仕事がこういう意味を持ち、こういう役割を持っているなどとは一度も考えたことがありません。皆さんもそうだと思うけれども、僕は、エゴイスティックな自分自身の生命活動として文章を書いているだけです。

文章を書くのはしんどいことです。本を読んでいた方がずっと楽だし、面白い。では何で文章を書いているかと言えば、やはりこれは自分に対する医療行為だと思う。医療というのは、少しおかしい表現ですが、自分が生きていくことを成り立たせるべく、生命を更新していくという働きを、「書く」という行為は持っていると思う。それ以上のことは考えていません。

ただ、今の砂糖と塩の喩えに引きつければ、一つだけ考えているのは、要するに、文章でも読み巧者がいなくなってしまった。良いものと悪いものの区別が分からなくなってしまった。昔の歌舞伎でも、「何とか屋」と、どこで声をかけるかきちんと分かり、「今日の芝居はちょっとくさかったな」などと批評できる見巧者がいたものですが、本の世界にも読み巧者がいた。そういう読み巧者が増えてほしいと思う。僕自身も、そういう読み巧者に対して快楽を与えうるものを書きたい。だいたい僕の本は読んだって勉強にはならない。僕の本を読んでくれるのは、一晩ぐらいちょっと楽しみに読もうかな、という方でしょうから。しかし、そういう方たちに快楽を与えるには、やはり自分の文章も一つの芸になっていかなければならない。

新保　書く人間がまず真剣に書く、ということですね。

渡辺　そうね。

新保　読み巧者がいても良いものがなければダメですよ。まず良いものを提供するということ。学者にしてもそうでなければ。

渡辺　僕がやろうとしているような分野も、もっとたくさんの方がお書きになっていい。例えば、吉村昭さんという作家がいらっしゃるでしょう。あの人のはいいんですよ。いいんですが、要するに物語をただ書いているだけ。文章としても物語としても質は高いのに、そこから一歩出た「時代のとらえ方」とか、「時代に対する批評」はない。しかし、ああいう物語性を持ちながら、時代の課題とつなげていって、その時代に対してこれまでなかったような見方を出していく。そうした歴史はもっと書かれていい。「異説日本史」とか「おもしろ日本史」ということではなく、批評性を持ち、文学にも通じるような、物語的な歴史。そういうジャンルをこれから開いていかなければいけない。

「おれは学者だからそんなことはやらねえよ」という方もいらっしゃるでしょうが、学者にしても、専門的な業績を積みながら、五十ぐらいになったら一般の人も読めるものを書くべきです。

新保 総合知といいますか、本当に良いものは、専門の隙間とか、間とか、縁にある。そこが漏れてしまっています。

渡辺 要するに、その時代の臨場感というものがあると思う。僕が書いたあの時代にしても、一人の人間に当時の状況はどう見えていたのか。後知恵は抜きにして、その同時代をどう見ていたのか。僕なんかも、いまを生きていて、いろんなことで時代を感じ取っている。それをあまりに後知恵的に鳥瞰してしまえば、同時代の雰囲気などなくなってしまう。その時代の雰囲気がどうであったかというのは、その時代に生きていた人々の課題が何であったのか、ということですね。そこを具体的に明らかにできなければ、歴史など書けない。だから『黒船前夜』の時代にしても、北方問題がにわかにクローズアップされつつある状況があって、それが同時代的に感知されています。例えば『井関隆子日記』。これは旗本の奥方の日記で大変面白いんですが、庭にエゾギクが咲いていて、これは、何年か前に江戸の役人が北海道に渡って、それからもたらされてきた花なんだ、と日記の中に出てくる。そのようにして庶民の中でも北方が意識されている。そういう当時の人々が感じ取っていたような雰囲気。これを押さえないと歴史にならない。そういうものが書きたいんです。

『逝きし世の面影』も歴史家が使わないエピソードを使っています。歴史家がそんなものを書いていたら論文にならないわけですが、とにかく調べてみると、使われていない面白いエピソードがごろごろしていた。だからひょっとして、そうしたエピソードがもっとたくさんあって、これで近代史が書ける、と誇大妄想的に「日本近代素描1」とサブタイトルをつけたわけですが、続きを書こうと思ったら、おもしろいエピソードが、そんなにごろごろしているわけはない。それであのサブタイトルは止めてしまったわけです。しかし、今回の北方史を書いたときにも、面白いエピソードが幾つも出てきました。学者は、ああいうのを面白がらないのかな。

新保　歴史を書くことは、エピソードを書くことだ、と。メリメのような最高の歴史家がそう言っています。

渡辺　日本の歴史家は、メリメなんか読まない。文学も読まない。明治の歴史家は、若い頃にみんな文学を読んでいた。そうやって文学に鍛えられている。

新保　歴史が「社会科学」になってしまったわけですね。歴史は、本当は「文学」であるはずなのに。

書くということ／変奏ということ

新保　先ほどから先生は、自分は医療行為として書いていると……。
渡辺　医療というのは、自分が生き延びるために、ということです。
新保　そう謙遜されていますが、カール・バルトも、ある時、ふと躓いた。その時、鐘のひもがあったから鐘を引っ張ってしまった、そうしたら、ガーンと大きな鐘の音が鳴ったと言っています。自分の『ロマ書』というのは、そういうものだ、と。何を言いたいかと言うと、先生は自分の書きたいものを書いているとおっしゃいますが、あえて言えば、先生は自分が考えられている以上に大きな音を鳴らされているのではないか。少なくとも、それを聞き取ろうとする人間にとっては……。
渡辺　いえいえ、僕は、オリジナルの思想家ではありません。
新保　カール・バルトも、ロマ書を鳴らしただけですから。
渡辺　しかし、あの人はオリジナルの思想家ですよね。僕にはオリジナルな思想はない。

僕にあるのは鑑賞力だけなんです。

新保 しかし、その鑑賞力と独創性の関係も微妙な問題ですよね。

渡辺 小説家にはストーリーをつくる才能がある。もちろん日本の私小説というのは、ストーリーがなくてもいいわけですから、その点で世界に冠たる文学ですが、西洋のノベルは、ストーリーがないとダメ。そういうストーリーをつくる才能が僕にはない。小学生の頃、冒険小説を書こうとしたら、冒頭のシーンを書いたっきり、後が出てこなかった。自分はストーリーが全然浮かばない人間なんだ、と思い知らされた。

それと同じで、思想家も、自分の思想のストーリーをつくれる人なんです。もちろん全くのオリジナルなどこの世に存在しませんが、やはりトレードマークというか、きちんと商標登録できる程度のオリジナルのストーリーはある。僕にはそれがない。

新保 しかし先生、この大連の冬の夜について書かれた文章（『逝きし世の面影』平凡社版「あとがき」）には、ブラームスの音楽のような鈍い渋みがあります。

渡辺 あんなのは、ストーリーじゃないですよ。

新保 何を言っているかと言うと、ブラームスというのは、変奏曲の大家なんです。変奏家でいいんです。それだけで大変なことですよ。ブラームスがなぜ今にも残っているかと言えば、変奏の大家だからです。

渡辺 力づけてくださっているということで、ありがとうございます。だけど、とにかく僕みたいな手法で歴史を書くと面白いですよ。というのは、史料を読み込むでしょう。その史料から何を拾うか。理論をつくっていくのも、もちろん大事だけど、理論をつくるばかりではしんどい。僕のようなやり方には、いろいろ読み込んで、人が使っていない話を使える楽しみがある。学者さんはもっと苦労していらっしゃるでしょうから、申し訳ないですが。

新保 大佛次郎は「歴史家」と呼ぶに相応しい存在ですが、「歴史家」と「歴史学者」は違います。今の日本に「歴史学者」はたくさんいますが、「歴史家」はほとんど見当たらない。

渡辺 大佛さんは若い頃、『詩人』『地霊』といった作品を書いている。それから『ブゥランジェ将軍の悲劇』や『パナマ事件』など。あの辺がとても面白い。当時、ああいうのを書いたのはすごい。そして文章が上手ですね。気品があって、こなれていながら、とても地味な文章なんだ。一つも華やかじゃない。一つも華やかじゃないけれど、名文なんです。

新保　今それがわかる人が少なくなっています。読み巧者がいなくなってしまった。大佛次郎も、その真価がきちんと理解されていないところがある。
　ところで先生は今後、どんなものを書かれるおつもりですか。

渡辺　「追想　バテレンの世紀」の連載（『選択』）が五年になります。ですから、まずキリシタンをやり、次に開国史をやります。これは長い間、考えてきたことですが、自分の視角から、これまで書かれていないような開国史が書けそうなら書こうと。今の感じでは書けるんじゃないかな、という気がするんで、バテレンをやっつけたら、それをやっつけます。今から読み込むわけですが、結局、書けなかったということもあるかもしれない。最後は、やはり現代史を書きたいんです。世界スケールの、一九三〇年代から戦後までの現代史です。本当は、これをずっとやりたかった。これをやって終わりということにしたいのですが、どこまで行けますやら。

新保　楽しみにしております。本日はありがとうございました。

渡辺　こちらこそ。

（二〇一一年一月二七日／於・帝国ホテル）

あとがき

この本は三つのパートに分れている。「山田風太郎の明治」「三つの挫折」「旅順の城は落ちずとも」は、大体同時期に書いたもので、モチーフが共通している。「「士族反乱」の夢」と「豪傑民権と博徒民権」は八〇年初頭の仕事で、互いに補い合う関係にあるだろう。「鑑三に試問されて」はこれだけが独立した考察ということになる。こういうエッセイ集に第一章～第六章と、通し番号をつけるのはどうかという気もするが、すべて明治というひとつの時代の断面を示すという点で、編集者水野良美さんの措置に従うことにした。

去年一〇月に出した『近代の呪い』（平凡社新書）のあとがきにも書いたことだが、水野さんはこの四年間、私のようななしがない物書きのところへ、忍耐強く通って下さった。こんな形で一冊の本を編めたのは同氏のおかげである。巻末に対談を収めることをお許しいただいた新保祐司氏にも感謝したい。

二〇一四年一月　　著者識

解説――卓越した歴史感覚

井波律子

本書『幻影の明治――名もなき人びとの肖像』は、幕末から明治へ、時代の転換期を生きた人々の姿を、多角的に描いた出色の評論集であり、「山田風太郎の明治」「三つの挫折」「旅順の城は落ちずとも――『坂の上の雲』と日露戦争」「「士族反乱」の夢」「豪傑民権と博徒民権」「鑑三に試問されて」の五章と付録の「〈対談〉独学者の歴史叙述――『黒船前夜』をめぐって」から成る。これらの文章は、もともと一篇ずつ単独で書かれたものだが、各篇がおのずと連繫し、共鳴しあって、みごとにまとまった世界が作りあげられている。

ちなみに、著者の「あとがき」によれば、冒頭の「山田風太郎の明治」に始まる三篇は同時期（二〇一〇年とおぼしい）に書かれたものであり、つづく「「士族反乱」の夢」と「豪傑民権と博徒民権」の二篇は八〇年代初頭に著されたもので互いに補いあう関係にあり、最後の「鑑三に試問されて」だけが独立した考察だとのこと。いずれも自由自在にして躍動的な筆致で書かれており、読んでいると心躍る快感がある。

まず第一章の「山田風太郎の明治」について。著者は「少年の時から娯楽小説なしには暮らせぬ性分」の由、この山田風太郎の明治シリーズ論は、娯楽小説の語りの方法に習熟した著者ならではの卓見と、著者が長年ねりあげ、自家薬籠中のものとする幕末から明治の時代状況に対する深い認識によって展開され、余人の追随を許さぬものがある。

著者は、文庫版で十四巻に及ぶ山田風太郎の明治シリーズのおもしろさのよってくるところとして、第一に多くの実在の人物を登場させ、虚構の人物と絡ませ取り組ませて、もう一つの現実ともいうべき架空の世界を創出していることをあげる。著者はまた、山田風太郎が史実をしっかり抑えて書きながら、絶妙の手際で、その奇想から生まれた虚構の人物に合わせて、細かな事実の改変をいとわないことをずばりと指摘し、明治シリーズの異様なまでの迫力と臨場感を醸成している最大のポイントを明らかにする。

さらに、著者はその絶好の例として、『明治波濤歌《はとうか》』のなかの「からゆき草紙」をとりあげ、具体的に論を進める。付言すれば、この明治シリーズ論は、具体的な作品をとりあげ丹念に解き明かしながら考察されているため、抜群の説得力がある。

さて、「からゆき草紙」の主人公は樋口一葉である。物語は、一葉の母がかつて奉公し、当時（明治二十八年）貧窮のどん底にあった大身の元旗本の娘、美登利が複雑な経過をへて、叔父と甥が組んだ二人組の女衒《ぜげん》に騙されて南洋へ売られ、「からゆきさん」にされそうになったとき、彼女を救うべく一葉が大奮闘する顚末を描く。一葉は女衒どもの滞在先である占い師の久佐賀某の屋敷へ乗り込むが、事態は好転せず、お手上げになったとき、久佐賀邸の隣で料亭を営むお龍がひそかに救いの手をのべる。お龍は以前、料亭で催された歌会で窮地に陥った一葉を助けたことがあった。この俠気《きょうき》の女性お龍も侍の娘だったが家が零落し、かの女衒どもの手で南洋に売られる途中、危機一髪で脱走し西洋の曲馬団に逃げ込んだことがあった。彼女は習い覚えた軽業を生かして久佐賀邸に忍び入り、久佐賀と叔父の女衒を血祭りにあげる。おかげで美登利は魔手を逃れることができたのだった。

まさに血わき肉躍る大活劇だが、著者は、この物語の仕組みを説き明かしながら、山田風太郎が、一葉の日記に記されているように、借金を申し入れようとするなど、実際に因縁のあった久佐賀と、『たけくらべ』の作中人物である美登利を絡ませ、いかにして「からゆき草紙」の異次元的リアリティーを帯びた小説的小宇宙を作りだしたか、その舞台裏を明らかにする。著者は、「小説の効用が現実の既知の相貌を解体して、新たな相貌を呈示することにあるとすれば、風太郎の有名人を利用しての意外性の創出は、たんなる知的遊びというより小説が本来もつべき創造作用と知るべきである」とも述べているが、まさに山田風太郎の稀有の理解者による至言というべきであろう。

「からゆき草紙」の樋口一葉、お龍もそうだが、山田風太郎の明治シリーズには、「性高貴にして純粋、この世のけがれと無縁のような女性」がしばしば登場する。といっても聖女のような女性ばかりではなく、『警視庁草紙』の「痴女の用心棒」に見えるような無邪気な痴女もまま出現する。著者は、こうした聖女、痴女、怪女等々、多彩な魅力ある女性像が山田風太郎の物語世界を活性化していると指摘する。風太郎は現実の女性には冷淡だったようだが、なればこそ、魅力ある女性像を造形できたともいえると、著者はいう。この明治シリーズの女性像論のくだりは、ことのほか筆が走り、たいへんおもしろい。

また、明治シリーズのさらなるポイントとして、著者は、山田風太郎が維新の敗者に対して、終始一貫、共感をもち、シリーズの最終巻『明治十手架』に至って、「徳川社会の持っていたよき面が、新しい権力によって意図的に破壊されたことをはっきりと示した」と述べ、風太郎の時代認識の鋭さを高く評価する。この指摘のとおり、山田風太郎の明治シリーズは、長らく支配的だった既成の歴史観を突き崩したところに成り立っており、その意識のありようには、著者と深く通底するところがあると思われる。

私事ながら、私自身も子供のころから「娯楽小説なしには暮らせぬ性分」で、山田風太郎のこのシリーズも数年前に読み始めたが、三分の二くらいまで読んだところで挫折してしまった。それが、この真髄を突く著者の論考を読み、こんなにおもしろいものだったのかと再認識して、ついに読破、充実した時間に浸ったことを付記しておきたい。

それはさておき、第二章の「三つの挫折」は、まず、『安吾捕物帖』を皮切りに、長谷川伸の『江戸と上総の男』および山田風太郎の『絞首刑第一番』に描かれた、三様の「彰義隊崩れ」を主人公とする物語を読み解き、それらが「歴史は勝者だけが創るのではない、敗者もまた、闇の中から歴史の形成に参与するのだと語っている」と述べる。歴史の闇を穿つみごとな洞察力というほかない。この論考は、彰義隊崩れから、敗戦後の特攻隊崩れを描いた物語へと及んだ後、「敗者の歴史に注目したからといって、私たちはその社会変動の全体を叙述したことになるのだろうか」と、さらに大きく転回する。

著者はここで長谷川伸の『足尾九兵衛の懺悔』をとりあげ、京都の生家の没落後、幕末の乱世を自力で生き抜き博徒の親分になった主人公の九兵衛が、世の変化にまったく関心をもたず、「一寸の虫」の気概にあふれた「逸民」として自立の道を歩んできた姿に注目する。かくして、「あらゆる歴史的大変動の底には、それによってけっして左右されない無告の大衆が存在する。(中略)歴史の底には歴史的事件に左右されぬ、それを超えた厖大な生が実在する。そのような生をイメージできてこそ、歴史叙述の新しいスタイルが見えてくるのではあるまいか」と述べ、この章は幕を閉じる。勝者でも敗者でもない明朗な「無告の民」のイメージを鮮烈に提示した、『逝きし世の面影』の著者の面目躍如たる言葉である。

共感にもとづいて著された上記の二章とは打って変わり、第三章「旅順の城は落ちずとも――『坂の上の雲』と日露戦争」は司馬遼太郎の『坂の上の雲』をとりあげて、ここに見られる司馬遼太郎の歴史観、歴史認識を徹底的に批判し、痛烈きわまりない。著者は、「要するに司馬は、明治日本のゼロから始まった近代化が成功したのは、世界史上の奇跡にほかならぬといいたいのだ」とずばり指摘し、明治人は「ゼロからはいあがろうとする自分たちの位置を正確に自覚していたので」、戦争のさいにも、「合理的客観的な思考を保ったといいたいのだ」と述べる。そのうえで、日本の近代化は「遅れた前代」とすっぱり切れた明治にゼロから始まったという司馬遼太郎の教条的な発想は、敗戦で自信喪失した日本人に自信を取り戻させ、また明治期の合理的精神がなぜ神がかり的精神に退化したのか、現代日本人に反省をうながしたものであろうと、さらに舌鋒鋭く追及する。

真に反省すべきは、すべてが明治から始まったとするお仕着せの歴史観だとする、この章の叙述には、著者の秘めたる激しさが爽快に噴出し、この著者の視点にこそ現代を逆照射するポイントがあると、改めて納得したのだった。

第四章「「士族反乱」の夢」と第五章「豪傑民権と博徒民権」のうち、前者は西郷をいただいた西南戦争、熊本の神風連の蜂起をはじめ、維新後に続発した新政権に対するいわゆる「士族反乱」が、けっして既得権を失った士族の利害にもとづくものではなく、広範に農民層を含みつつ、一見、奇態に見えるスタイルによって、体制固めに狂奔する新政権に異議を申し立て、もう一つの近代を求めるものであったことを論証する。ちなみに、著者は、神風連にシンパシーをもつ熊本民権党の組織者、宮崎八郎が、主義主張が一致しない西郷の反乱に加担して挙兵したさい、その矛盾を突かれると、「西郷に天下取らせて、また謀反するたい」と放言した挿話を記しているが、これは一種「永久革命宣言」とも受け取れる言葉であり、まことに興味深い。ちなみに、第五章は、自由民権運動のうち、土佐、名古屋、秩父などで勃発した下層農民や博徒を中心とする「下流民権」運動についての講演だが、民権運動の知られざる面にスポットをあてたものであり、これまた興趣あふれる。

上記の五章に、内村鑑三について述べた第六章、自身の歴史叙述の方法などについて語った対談も含め、総じて本書は、つねに「名もなき人びと」の実在を視野に入れながら、歴史の転換期の諸相を具体的に浮き彫りにする、著者の卓越した歴史感覚をみごとに映しだしている。まことにおもしろく、かつ読み応えのある秀作評論集である。

（いなみ りつこ／中国文学）

初出一覧

第一章　原題「山田風太郎の「明治」」『道標』第三一号（二〇一〇年一二月刊）
第二章　原題「三つの挫折」『道標』第三〇号（二〇一〇年九月刊）
第三章　原題「旅順の城は落ちずとも――『坂の上の雲』と日露戦争」『情況』（二〇一〇年四月号）
第四章　原題「九州士族の反乱」『日本歴史展望』第一一巻（旺文社、一九八二年一月刊）
第五章　原題「自由民権運動の考察」『道標』第三三号（二〇一一年六月刊）
第六章　原題「鑑三に試問されて」別冊『環』18「内村鑑三」（二〇一一年一二月刊）
付　録　原題「〈対談〉独学者の歴史叙述――『黒船前夜』（大佛次郎賞受賞）をめぐって」『環』四六号（二〇一一年七月刊）

[著者]
渡辺京二（わたなべ・きょうじ）
1930年、京都生まれ。大連一中、旧制第五高等学校文科を経て、法政大学社会学部卒業。熊本を拠点に、評論家、日本近代史家、思想史家として活躍する。主な著書に『評伝 宮崎滔天』（書肆心水）、『渡辺京二評論集成』全４巻（葦書房）、『北一輝』（毎日出版文化賞、ちくま学芸文庫）、『逝きし世の面影』（和辻哲郎文化賞、平凡社ライブラリー）、『黒船前夜』（大佛次郎賞、弦書房）、『バテレンの世紀』（読売文学賞、新潮社）、『江戸という幻景』『もうひとつのこの世 石牟礼道子の宇宙』『幻のえにし』『小さきものの近代』１、２（いずれも弦書房）、『さらば、政治よ』（晶文社）、『増補 近代の呪い』『夢ひらく彼方へ ファンタジーの周辺』（いずれも平凡社ライブラリー）など。2022年12月没。

平凡社ライブラリー 870
幻影《げんえい》の明治《めいじ》 名《な》もなき人《ひと》びとの肖像《しょうぞう》

発行日…………2018年８月10日 初版第１刷
2025年６月５日 初版第４刷

著者……………渡辺京二
発行者…………下中順平
発行所…………株式会社平凡社
〒101-0051 東京都千代田区神田神保町3-29
電話 (03)3230-6579［編集］
(03)3230-6573［営業］
振替 00180-0-29639

印刷・製本……藤原印刷株式会社
ＤＴＰ…………平凡社制作
装幀……………中垣信夫

ISBN978-4-582-76870-1
NDC分類番号210.6 Ｂ６変型判(16.0cm) 総ページ224

平凡社ホームページ https://www.heibonsha.co.jp/